정치학 연구방법론으로의 초대:
Stata로 따라 하기

엄기홍 지음

경북대학교출판부

사랑하는 어머니, 아버지께 이 책을 바칩니다.

엄기홍

연세대학교 정치학사 및 정치학 석사
켄터키 주립대학교 정치학 박사
아이오와 주립 대학교 전임강사
하버드-옌칭 연구소 방문학자
버클리 대학교, 풀브라이트 방문학자
현) 경북대학교 정치외교학과 교수
현) 경북대학교 사회과학기초자료연구소 소장
현) 여론조사 기관 리서치 앤 리서치 자문위원

[주요 논문]
「Democratization Effects of Campaign Contribution Limits in Gubernatorial Elections」(공저)
「Generation Effects, To Be or Not To Be: Empirical Analyses of Korean National Assembly and Presidential Elections」(공저)
「Contribution Limits and Disparity in Contributions between Gubernatorial Candidates」(공저)
「고액 정치후원금의 정치적 대표성: 대통령선거 경선, 국회의원선거, 광역단체장선거 후보자 후원회에 관한 경험적 분석」
「한국 후원회의 정치자금 기부금 결정요인: 2004-2006년 기부금액에 대한 경험적 분석」
「한국인의 정치부패 인식, 감소하고 있는가?: 정치부패 인식 지수화와 경험적 적용」(공저) 외 다수

[주요 저서]
『정치학을 위한 파이썬』
『권위주의 체제, 선거 그리고 민주주의』
『한국 국회와 정치과정』(공저)
『투표행태의 이해』(공저) 외 다수

정치학 연구방법론으로의 초대: Stata로 따라 하기

초판 1쇄 2013년 5월 2일 | **개정 2쇄** 2024년 1월 31일
지은이 엄기홍 | **펴낸이** 홍원화 | **펴낸 곳** 경북대학교출판부
출판등록 1973년 10월 10일 ㉱97호 | **주소** 대구광역시 북구 대학로 80
전화 053-950-3830 | **팩스** 053-953-4692 | **E-mail** press@knu.ac.kr

ISBN 978-89-7180-373-8 93340

정가는 뒤표지에 있습니다.
잘못 만들어진 책은 바꾸어 드립니다.

머리글

이 책은 참 단순한 이유에서 시작됐다. 강의노트가 있었으면 하는 누군가의 말을 듣고, 이 책을 시작했다. 또 필자가 정치학 연구방법론을 본격적으로 공부한 곳이 미국이다 보니, 강의 시간에 줄곧 영어로 된 교재를 사용해 왔는데, 많은 학생들이 이 부분을 부담스러워한다는 것을 알았기 때문이다. 그러하기에 그동안의 강의를 한번쯤 정리해 봐야지 하는 생각이 들었다. 정치학 연구방법론을 강의한 것이 정치학 박사를 수여한 직후부터였으니, 벌써 시간이 꽤 흐른 것 같기도 하고, 그동안 어떠한 내용들을 강의했는지 한번쯤 정리할 필요가 있었다.

이 책을 집필한 또 다른 이유는 학생들을 비롯하여 일반인들도 쉽게 혼자서 배울 수 있는 교재가 있었으면 해서다. 시중에는 다양하고 훌륭한 교재가 다수 존재하지만, 한 권의 책에 정치현상에 관한 연구계획 수립, 이론 및 가설 정립, 데이터 수집방법, 그리고 이에 대한 분석기법을 총괄한 책을 쉽게 발견하지 못했다. 특히, 각 분석기법에 대한 통계 프로그램 명령어들이 포함되어 있어서, 기법을 습득한 후 바로 적용할 수 있는 책을 찾을 수 없었다. 따라서 이 책은 대학(원)생을 포함한 일반인들이 정치학 연구방법론을 혼자서 습득하고 바로 적용할 수 있도록 하는 데 목적을 두고 쓴 것이다. 물론 그들 옆에 누군가가 있어서 도움을 줄 수 있으면 금상첨화일 것이다.

이 책의 독자층은 대학(원)생을 포함한 일반인이다. 특히, 사물을 바르게 바라보고, 이에 대한 적절한 해결책을 제시할 수 있는 능력을 배양하고자 하는 사람들에게 이 책은 유용하게 사용될 것이다. 필자의 염원은 이렇게 훈련된 사람들이 우리가 살고 있는 세상을 조금 더 나은 세상으로 만드는 데 동참했으면 하는 것이다.

이 책은 여러 사람의 도움으로 만들어졌다. 먼저 이 책의 초안을 꼼꼼히 읽어주고 품격을 높이는 데 도움을 준 지병근 교수와 조진만 교수에게 감사드린다. 또한 거의 매일 점심을 함께하며, 과학적 사고를 높이는 데 도움을 준 최재황 교수, 김지호 교수, 김초복 교수에게 감사드린다. 그리고 각 장의 흠결을 찾아주고, 주요 용어 및 공식을 정리해 준 김상은, 윤장원, 정우승 조교에게 감사를 표한다. 이 책이 나오기까지 헌신적 노력을 기울여 준 경북대학교출판부에 감사드린다.

필자의 가장 진심어린 감사는 가족에게 전하고 싶다. 부모님, 아내 박혜신, 딸 엄선민, 그리고 아들 엄주용의 사랑이 없었다면, 현재의 내가 존재할 수 없기에, 이(분)들께 진심어린 감사를 전하고자 한다. 감사합니다.

2013년 4월 벚꽃 향기 가득한 연구실에서
엄기홍

| 차례 |

| 제1장 | 과학적 접근방법으로서의 정치학

정치학자에게는 정치현상에 대한 문제를 파악하고 이를 해결할 수 있는 방안을 제시해야 할 소임(所任)이 있다. 따라서 정치학자의 핵심적 훈련사항으로 정치현상에 대한 올바른 분석능력과 대안제시 능력은 아무리 강조해도 지나침이 없을 것이다. 그렇다면 어떻게 훈련을 해야만 올바르게 문제를 파악하고, 적절한 해결책을 제시할 수 있을까? 특히, 정치학자가 분석할 수 있는 대상이 '전체'가 아닌 '일부'일 경우, 어떻게 일부를 대상으로 파악된 정보만으로 전체의 특성을 유추할 수 있을까? 이번 장에서는 이에 관한 대답 중 하나로서 과학적 접근방법을 소개하고, 과학적 접근방법의 요소를 개괄적으로 설명하고자 한다.

제1절_과학적 접근방법이란?

한국 정치의 가장 큰 문제점으로 대두되는 사항은 지역 갈등, 이념 갈등, 세대 갈등, 경제 갈등, 정치 불신 등이다. 정치학 연구는 이러한 갈등의 존재 여부와 그 수준을 파악하고, 이러한 갈등을 심화시키는 원인을 파악하여 해소하고자 노력한다(조기숙 1996; 강원택 2004; 정진민·황아란 1999; 지병근·박종민 2008; 최준영·조진만 2005; Cho and Eom 2012).

그렇지만 정치학자가 이러한 정치적 문제를 파악하고 해결책을 제시하는 데에는 현실적인 한계가 존재한다. 예를 들어, 지역갈등의 존재 확인을 위해서는 한국 유권자 전체를 조사하여 지역갈등의 유무와 그 수준을 파악해야 하지만, 현실적으로 유권자 전체를 조사한다는 것은 불가능하다. 따라서 정치학자는 일반적으로 지역갈등의 존재와 수준, 그리고 원인을 파악하기 위하여 전체 유권자의 일부분을 추출하여(즉 표본을 추출하여), 이들을 대상으로 지역갈등의 존재와 그 원인을 파악하고 해결책을 제시하고 있다. 그러므로 전체 유권자의 일부분에서 발견된 현상들을 가지고, 전체 유권자에 대한 현상으로 주장하기 위해서는 현상에 대한 '유추(inference)'가 불가피한 과정이 된다. 따라서 정치학 연구의 주요 목표는 표본에서 발견된 정치적 현상과 이에 대한 원인 제시가 모집단에서도 유효하게 하도록 하는 과정의 확립이라고 규정할 수 있다.

과학적 접근방법은 정치학 연구의 목표를 달성하는 하나의 접근방법으로서 제시될 수 있다. 과학적 접근방법은 연구주제에 대한 서술적 유추와 인과적 유추가 타당하게 확보되기 위한 일련의 과정으로 정의할 수 있다. 여기에서 서술적 유추(descriptive inference)란 표본에서 발견된 현상을 통해 모집단의 현상을 유추하는 것을 의미하며, 인과적 유추(causal inference)란 표본에서 발견된 인과적 관계를 통해 모집단에서의 인과적 관계를 유추하는 것을 의미한다. 끝으로 타당성(validity)이란 표본에서 모집단으로의 유추가 올바르게 되었는지의 여부이다. 따라서 과학적 접근방법은 서술적 측면에서나 인과적 측면에서 '사실에 대한 근사치'에 접근하는 접근방법으로 정의될 수도 있으며, 이를 축약하면 '바람직한 연구방법'으로 정의될 수 있다(King, Keohane and Verba 1994, pp. 7-8).

바람직한 연구방법으로서 과학적 접근방법은 다음과 같은 네 가지 속성을 지니고 있어야 한다(King, Keohane and Verba 1994, pp. 8-9).

① 과학적 접근방법의 목표는 유추에 있어야 한다. 과학적 연구는 현재 주어진 자료에 대한 서술에 그치는 것이 아니라, 주어진 자료를 기반으로 주어지지 않은 것에 대한 유추에 목표를 두고 있다. 따라서 과학적 접근방법은 취합된 표본을 근거로 모집단을 유추하는 것에 목표를 두어야 한다.

② 유추의 과정은 공개되어야 한다. 과학적 접근방법은 연구가 어떠한 과정을 거쳐 진행되었는지 명확하게 공개되어야 한다. 이와 같은 연구과정의 공개성 확보는 연구에 대한 재검증을 가능하게 함으로써 지식의 축적을 가능하게 한다.

③ 유추의 결과는 불확실하다. 표본을 근거로 모집단의 특성을 유추하는 과학적 접근방법은 근본적으로 불확실성을 전제하고 있다. 따라서 유추의 결과에 대한 불확실한 정도를 보고하는 것은 자연스러운 것이며, 오히려 불확실한 정도를 보고하지 않는 것에 문제가 있다.

④ 과학적 접근방법은 수단이지 목표가 아니다. 과학적 접근방법은 일련의 절차를 준수함으로써 유추의 타당성을 확보하고자 한다. 이때 일련의 절차는 주제나 학문분야에 관계없이 적용될 수 있다. 따라서 과학적 접근방법을 타당한 유추에 이르기 위한 수단으로 간주해야지 목표나 주제로 간주하여서는 안 된다.

과학적 접근방법은 표본을 통해 모집단에 대한 타당성 있는 유추를 확보하기 위한 일련의 절차이다. 이때 일련의 절차란 연구주제, 이론 및 가설, 자료 수집, 그리고 분석으로 구성된다. 이어서는 이들 구성요소에 대해 설명하고자 한다.

제2절_좋은 연구주제

정치학 연구의 가장 중요한 부분은 좋은 연구주제를 설정하는 것이다. 좋은 연구주제를 설정해야 청중들이 흥미를 가지고, 계속되는 논의에 주목하게 할 수 있다. 또한 연구주제는 이어지는 이론과 가설, 분석, 그리고 연구 함의의 방향성을 결정짓는바, 그 중요성은 아무리 강조해도 지나치지 않다.

어떤 연구주제가 좋은 주제인지의 여부는 연구주제의 시사적 파급력과 관련 분야의 기여도를 기준으로 판단할 수 있다. 물론 연구주제는 개인의 취향이나 가치관 등에 의하여 결정된다. 개인이 살아 온 배경, 주위의 환경, 개인·사회·국가에 대한 가치관 등 다양한 요소가 연구주제의 설정에 영향을 미친다. 그러나 연구자가 분석하고 싶은 연구주제가 좋은 연구주제가 되기 위해서는 시사적인 측면과 관련 학문분야의 측면에서 연구결과의 파급력이 커야 한다.

예를 들어, 지역갈등, 이념갈등, 세대갈등 등은 한국 정치의 당면한 문제로서 시사적인 측면에서나 정치학 분야에서 중요한 주제로서 언급되어 왔다(조기숙 1996; 강원택 2004; 최준영·조진만 2005; 엄기홍·김재현 2010; 정진민·황아란 1999; Cho and Eom 2012; Lee and Brunn 1999; Shin, Jin, Gross and Eom 2005). 이 외에도 정치자금으로 대표되는 경제적 불평등의 정치적 불평등으로의 전이 현상(엄기홍 2011), 국회 등을 비롯한 정부 기관에 대한 정치 불신(조진만·엄기홍·김준석 2010; 김준석·조진만·엄기홍 2011; 엄기홍·김준석·

조진만 2011) 등은 민주주의 공고화에 관한 주제들로서, 한국을 비롯한 많은 대의제 민주주의 국가에서 다양한 측면에서 연구되고 있는 주제이다. 이와 같은 연구주제는 당면한 문제의 해결과 더불어 인간·사회·제도에 관한 연구에 기여하는 바가 크다.

그렇지만 한 분야에서 중요한 연구주제가 다른 분야에서는 중요한 연구주제가 아닐 수 있다. 예를 들어, 이념갈등이라는 연구주제가 정치학계에서는 중요한 연구주제이지만, 미용업계에서는 생뚱맞은 연구주제일 수 있다. 반면 미용업계에서의 주요한 연구주제인 피부 미용 의료기의 효과는 정치학계에서는 그리 비중을 차지하지 못하는 연구주제일 수 있다. 이와 같이 어떤 연구주제가 좋은 연구주제인지의 여부는 해당 분야와 관련된 현실의 관점에서 파악되어야 하며, 이를 위해서는 기존 연구에 대한 충분한 검토가 필요하다.

제3절_좋은 이론과 가설

좋은 연구주제가 설정되었다면, 다음은 좋은 이론과 가설이 제시되어야 한다. 이론과 가설이란 무엇일까? 이론(theory)이란 (인과)관계에 대한 설명을 의미한다. 즉 연구주제가 왜 발생하는지 또는 어떠한 효과를 일으키는지에 대한 설명이다. 가설(hypothesis)은 경험적으로 검증 가능한 형태로 구성된 (인과)관계의 진술이다. 즉 연구주제와 이에 대한 답변 간의 관계가 경험적으로 검증 가능한 형태로 진술된 것을 의미한다. 달리 이야기하면, 이론은 가설에 대한 설명이며, 가설은 이론을 경험적으로 검증할 수 있는 형태로 전환한 진술이다. 이론 및 가설을 정의하는 데 '인과'에 괄호를 한 이유는 이론이 반드시 원인과 결과,

또는 독립변수(independent variable)와 종속변수(dependent variable)를 전제할 필요는 없기 때문이다. 즉 이론은 관계에 대한 설명일 수 있으며, 인과관계에 대한 설명일 수도 있다. 그렇지만 설명의 편의상, 이 책에서는 이론을 인과관계의 진술이라고 간주하고자 한다.

그렇다면 어떤 이론과 가설이 좋은 이론과 가설일까? 좋은 이론과 가설에는 다양한 의견이 존재하지만, 킹, 코헨, 그리고 버바는 허위관계(虛僞關係)임을 증명할 수 있는 형태로 구성된 이론(falsifiable theory), 다양한 함의를 내포한 이론(observable implications), 구체성이 확보된 이론(concreteness)을 좋은 이론으로 간주하고 있다(King, Keohane and Verba 1994, pp. 19-20). 허위관계(虛僞關係)임을 증명할 수 있는 형태로 구성된 이론은 이론 구축의 목적이 그 이론의 입증에 있기보다는 그 이론이 잘못된 것임을 밝히는 데에 있다. 이와 같은 시각은 진리를 입증하고자 하는 부류와 인식론적인 차이가 있다(Lakatos 1978). 허위관계임을 증명하고자 하는 부류(falsification)는 인간이 진리를 밝히는 것은 불가능하며, 인간이 할 수 있는 것은 진리가 아닌 것만을 알 수 있다는 입장이다. 반면, 진리를 입증하고자 하는 부류(justification)는 인간이 진리를 알 수 있으며, 이를 입증할 수 있다는 입장이다. 따라서 허위관계임을 밝히려고 하는 연구자는 이론의 구성이 가능한 허위관계를 밝히는 데에 충실하게 구성되어야 하며, 이를 위해서는 이론이 명확하고 구체적으로 진술되어야 한다는 것이다. 이론이 이렇게 구성되어 있을 때에만 이론의 허위성을 검증하기 용이하기 때문이다. 달리 이야기하면, 허위관계임을 검증할 수 있도록 구성된 이론이 여러 가지 어려운 관문을 통과함에도 불구하고 계속 살아남는다면, 그 이론은 아마도 진리일 가능성이 크다는 주장이 제기될 수 있다.

좋은 이론의 나머지 두 가지 기준은 같은 선상에서 이해될 수 있다. 두 번째 기준인 다양한 함의를 내포한 이론은 '만약 제시한 이론이 맞다면(if then)?'이라는 질문에서 시작된다. 즉 제시된 이론이 맞다면, 그 이론을 통하여 다른 현상들도 설명할 수 있다는 것이다. 예를 들어, 전쟁 발생의 원인이 양국 간의 군사력 불균형에 있다는 이론이 적실하다면(Huth 1988), 이러한 이론은 조직깡패 간의 싸움에도 적용될 수 있을 것이다. 즉 군사력 불균형이 전쟁 발생의 원인이라면, 조직깡패 간의 힘 불균형도 이들 간의 싸움의 원인으로 제시될 수 있다. 이와 같이 이론이 다양한 이론적 함의를 지니고 있을 때, 이 이론은 좋은 이론이라고 할 수 있다.

끝으로, 좋은 이론은 구체성(concreteness)이 확보된 이론이다. 즉 분석하고자 하는 연구주제가 발생하는 이유가 명확하고 구체적으로 기술되어 있는 형태를 의미한다. 왜냐하면 광범위하고 애매하게 기술되어 있는 이론, 말하자면 코에 걸면 코걸이 귀에 걸면 귀걸이와 같은 형태의 이론은 거짓임을 증명할 수 없기 때문에 이론의 신빙성을 검증할 수 없다. 예를 들어, 민주주의가 발전하면 경제가 성장한다는 진술은 너무 광범위하고 애매하게 기술되어 있어서, 이러한 이론을 경험적으로 검증하기 어렵고, 따라서 이론의 신빙성을 판단할 수 없게 된다.

요컨대 이론이 허위관계를 증명하기 용이하게 구성되어 있고, 다양한 이론적 함의가 있으며, 구체적으로 진술되어 있으면, 그 이론은 좋은 이론으로 간주할 수 있다.

제4절_바람직한 데이터 수집방법

정치학 연구방법론의 목적은 연구주제를 바르게 분석하는 데 있다. 연구주제를 바르게 분석하기 위해서는 연구주제에 맞게 자료가 수집되어야 하며, 모집단을 대표할 수 있는 방식으로 자료가 수집되어야 한다. 이러한 방식으로 자료가 수집되어야 표본에서 파악된 현상이 모집단에서도 그러한지 연구자가 올바르게 판단할 수 있다. 따라서 바람직한 데이터 수집의 핵심적 사항은 어떻게 하면 연구주제에 맞게 자료를 수집할 수 있는지, 그리고 어떻게 하면 표본의 대표성을 확보할 수 있는지에 맞춰지게 된다.

먼저 자료 또는 데이터(data)를 정의해 보자. 데이터란 분석하고자 하는 세계에 대하여 체계적으로 수집된 정보를 의미한다. 데이터는 범주화만 가능한 데이터인지 아니면 다른 특정한 속성을 부여할 수 있는지 여부에 따라, 질적 데이터(qualitative data)와 양적 데이터(quantitative data)로 분류된다. 질적 데이터는 남성과 여성과 같이 범주화만 가능한 데이터를 의미한다. 반면 양적 데이터는 질적 데이터를 제외한 나머지 유형의 데이터로서 다양한 속성을 수량화(quantification)한 데이터이다. 예를 들어, 선호도와 같이 순서를 부여할 수 있는 데이터, 온도와 같이 단위의 의미가 있는 데이터, 그리고 연봉과 같이 절댓값 0이 존재하는 데이터 등이 있다.

데이터를 수집할 때 유의할 점이 몇 가지 있으며, 이는 다음과 같다.

첫째, 데이터 수집은 연구주제에 따라 결정되어야 한다. 연구주제가 신약(新藥)의 효과를 검증하는 것에 있다면, 데이터는 다른 요소에 의하여 신약의 효과가 왜곡되는 것을 최대한 방지되는 방향으로 수집되어야 한다. 반면, 연구주제가 연령과 투표참여 여부와 같이 발견된 관계의 일반화에 있다면, 데이터 수집은 일반화를 확보할 수 있는 방법으로 이루어져야 한다.

둘째, 자료를 수집할 때 유념해야 할 사항은 표본의 대표성(representativeness) 확보이다. 표본의 대표성이란 수집된 표본이 모집단을 대표할 수 있는지를 의미한다. 이러한 관점에서 수집된 표본을 모집단의 ‘소우주’로서 비유하기도 한다(Fishskin and Luskin 1999, p. 14). 만약 수집된 표본이 모집단의 소우주가 아닌 경우, 즉 대표성이 확보되지 않은 표본일 경우, 이로부터 파악된 발견 및 결론은 일반화할 수 없다.

이 외에도 데이터 수집 과정은 지식 축적에 기여할 수 있는 방법으로 이루어져야 한다. 예를 들어, 킹, 코헨, 그리고 버바가 지적한 바와 같이(King, Keohane and Verba 1994, pp. 23-26), 연구자는 데이터가 수집되는 과정을 자세하게 기록하고 보고해야 한다. 예를 들어 여론조사를 통하여 자료를 수집할 경우, 어떠한 방식으로 표본이 추출되었으며, 어떠한 질문지를 담고 있는 설문지가 사용되고, 언제, 어디서 설문조사가 진행되었는지를 자세히 기록하고 보고하야 한다. 이러한 과정들이 자세히 보고되어야만, 다른 연구자에 의한 재검증이 가능하며, 관련 분야의 지식 축적이 가능하기 때문이다.

제5절_바람직한 분석

정치학 연구방법론의 백미(白眉)는 바람직한 분석에 있다. 분석은 연구주제에 결론을 내릴 수 있는 경험적 근거를 제공하기 때문이다. 따라서 분석 과정은 다른 과정과 같이 바람직하게 이루어져 한다. 바람직한 분석은 분석에 사용되는 기법이 데이터가 생성되는 과정에 적합하게 이루어져야 함을 의미한다(King 1998). 달리 이야기하면, 데이터가 지니고 있는 속성에 따라 자료를 분석하고 변수 간의 관계 여부를 검증해야 한다. 예를 들어, 불교, 기독교, 천주교 등과 같이 범주화만 가능한 데이터에 서열의 속성을 부여하거나, 투표한 정당을 분석

함에 있어 등간척도의 변수를 전제한 기법을 사용하는 것은 바람직한 분석에 어긋난다(Cho and Eom 2012).

또한 바람직한 분석은 유추의 범위가 명확해야 한다. 즉 연구주제에 맞게, 그리고 수집된 표본에 맞게 유추되어야 한다. 가령 연구주제가 대한민국 유권자의 투표참여 요인이라면, 분석에서 발견된 사항들을 일본이나 미국 등의 유권자에게까지 확대하는 것은 바람직하지 않다. 또한 수집된 자료의 범위가 대한민국 유권자 중 대구광역시 거주자에 국한되어 있다면, 유추는 대한민국 유권자 전체가 아닌 대구광역시 유권자로 제한되어야 할 것이다.

요약하면, 과학적 접근방법은 좋은 연구주제, 좋은 이론과 가설, 바람직한 데이터 수집, 그리고 바람직한 분석을 통하여 완성된다. 즉 당시대의 현안과 학문적 전통에 기여할 수 있는 주제를 선택하여, 이 연구주제를 설득력 있게 설명할 수 있는 이론과 가설을 제시하고, 바람직하게 데이터를 수집하여 분석하는 것이 과학적 접근방법이 추구하는 것이다. 이러한 접근방법을 축약하여 그림으로 나타내면, 〈그림 1.1〉과 같다.

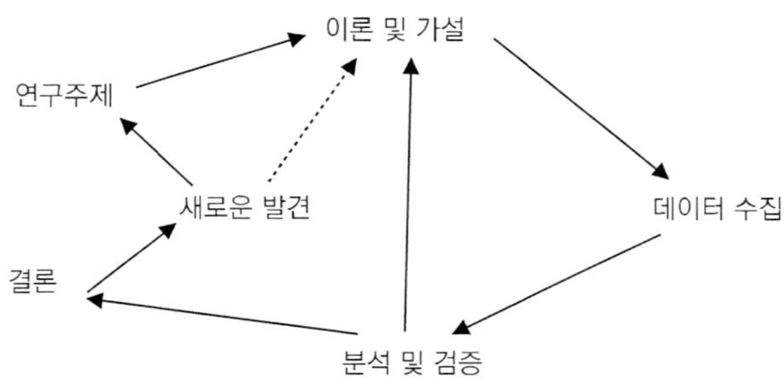

〈그림 1.1〉 과학적 접근방법의 절차

제6절_구성과 내용

이 책은 앞서 언급한 과학적 접근방법 각각의 절차와 기법을 설명하는 방식으로 구성되어 있다. 특히 분석기법의 이론적 토대를 소개한 후에는 각 기법의 통계 프로그램 명령어를 설명함으로써 이론적 이해와 실용적 활용도를 높이고자 한다.

제2장에서는 바람직한 이론과 가설을 정립하는 데 필요한 요소들을 소개하고 있다. 예를 들어 바람직한 이론 정립을 위해 고려되어야 할 요소들, 가설의 기본 형태와 이를 구성할 때 유의할 점들, 그리고 제시된 가설 속에 나타날 수 있는 다양한 관계 양상을 소개하고 있다. 제3장에서는 가설에 포함된 주요 개념을 측정하는 방식과 이 과정에서 발생할 수 있는 오류를 제시하고 있다. 즉 가설이 경험적으로 검증되기 위해서는 가설상의 개념들이 경험적으로 측정 가능한 형태로 전환되어야 하며, 이와 같은 전환 과정에서 오류가 발생할 수 있다. 그러므로 제3장에서는 개념의 측정과 관련하여 개념적 정의와 조작적 정의를 설명하고, 측정 과정에서 발생할 수 있는 오류를 최소화시키기 위한 방법들을 소개하고 있다.

제4장은 데이터 수집방법의 유형을 설명하고, 각 유형 내의 다양한 방법들을 소개하고 있다. 데이터 수집방법은 가설검증의 엄밀성에 따라, 또는 검증결과의 일반화에 따라 유형을 달리한다. 연구주제가 가설검증의 엄밀성에 초점을 둘 경우 실험방법(experimental design)이 적절한 유형이며, 검증결과의 일반화에 초점을 둘 경우 비실험방법(non-experimental design)이 적절한 유형이다. 준실험방법(quasi-experimental design)은 양 유형의 중간 형태로 분류할 수 있다. 이 장에서는 각 유형의 논리와 장단점을 소개하고, 이에 해당하는 구체적인 데이

터 수집방법을 제시하고 있다. 따라서 연구자는 연구주제의 목적에 따라 적절한 유형과 구체적인 방법을 선택할 수 있다.

제5장은 정치학 연구의 난제에 대답하는 장이다. 정치학 연구의 난제는 정치현상에 대한 연구가 모집단을 대상으로 한 분석이 아닌 표본을 대상으로 분석해야 한다는 점이다. 따라서 정치현상에 대한 연구는 표본을 대상으로 한 연구를 기반으로 모집단에 대한 추론을 제시해야 하는 어려움에 빠져 있다. 이 장에서는 어떠한 표본추출 방법을 사용함으로써 모집단으로의 유추가 타당성을 확보할 수 있는지를 표본추출의 측면에서 그리고 유추의 측면에서 살펴보고 있다.

제6장은 변수의 속성을 요약하는 방법인 기술통계 분석 기법을 소개하고 있다. 예를 들어, 변수가 하나일 때 사용하는 일변량 분석 기법, 변수가 두 개일 때 사용하는 이변량 분석 기법, 변수가 세 개 이상일 경우(즉 통제된 상태에서의 이변량 분석) 사용하는 다변량 분석 기법이 소개되고 있다. 그렇지만 이러한 기술통계 기법은 표본에 대한 분석일 뿐 모집단에 대한 유추가 아니기 때문에, 유추통계 기법이 필요하게 된다.

제7장부터 제9장까지는 유추통계 분석 기법을 소개하는 장들이다. 제7장은 범주형 변수(categorical variable)들 간의 관계를 파악하기 위해 사용될 수 있는 기법들을 소개하고 있다. 예를 들어, 한 개 이상의 변수가 명목척도인 경우 사용될 수 있는 카이제곱 검정(Chi-Square test, χ^2), 크래머의 V(Cramer's V) 등이 소개되고 있다. 또한 두 개 변수 모두가 순서척도일 경우 사용될 수 있는 감마(γ), 타우-b(τ-b) 등이 소개되고 있다. 제8장은 범주형 변수와 등간척도 변수 간의 관계를 분석할 수 있는 기법들을 소개하고 있다. 예를 들어, 범주형 변수의 그룹 수가 두 개일 경우 사용될 수 있는 비율검정(difference in proportions test) 기법과 평균검정(difference in means test) 기법 등이 소개되었다. 또한

범주형 변수의 그룹 수가 세 개 이상일 경우 사용될 수 있는 기법인 분산분석(Analysis of Variance, ANOVA) 기법이 소개되었다. 끝으로 제9장에서는 분석되는 변수가 모두 등간척도 이상의 변수일 경우 사용될 수 있는 기법인 상관관계분석(correlation analysis)과 회귀분석(regression analysis) 등을 소개하고 있다.

이 책에서 사용되는 통계 프로그램은 스테이타(Stata)이다. 스테이타 프로그램은 SAS와 같이 명령어에 기반하여 운용되는 프로그램이었지만, 최근에는 SPSS와 같이 메뉴에 기반을 둔 방식이 도입되었다(Stata에 대한 자세한 소개는 http://stata.com을 참고할 것). 데이터 및 실행파일은 사회과학기초자료연구소 사이트(http://basicdata.kr) 교육 및 세미나 출간물 코너에 있다.

| 제2장 | 이론과 가설

이 장에서는 바람직한 이론과 가설을 정립하기 위하여, 어떠한 점들을 고려해야 할지를 소개한다. 제1절은 바람직한 이론을 위한 요소들을 설명하고 있으며, 제2절은 가설의 기본 형태와 그 안에 갖추어야 될 구성요소를 소개하고 있다. 제3절은 가설 속에 제시될 수 있는 다양한 관계를 제시하고 있다.

제1절_이론의 구성

사람들은 어떤 현상이 왜 발생했는지 궁금해하며, 이에 대한 해답을 찾고자 노력한다. 예를 들어, 왜 어떤 사람은 인기가 있고 어떤 사람은 인기가 없는지, 왜 어떤 학생은 학점이 좋고 어떤 학생은 그렇지 못한지, 왜 어떤 사람은 돈을 많이 벌고 어떤 사람은 그렇지 못하는지 등등. 많은 이들은 다양한 현상에 호기심을 갖고, 이에 대한 해답을 찾아 자신의 상황을 개선하고자 노력하고 있다.

정치학자 또한 학문적 궁금증으로부터 시민적 애환에 이르기까지 다양한 정치적 문제를 파악하고, 이에 대한 해결책을 모색하고 있다. 예를 들어, 대의제 민주주의의 근본적인 전제인 투표참여율이 왜 하락하고 있는지(조성대 2006), 유권자는 후보자의 어떠한 측면을 기준으로 투표하고, 이것이 의미하는 바는 무엇인지(전용주 외 2009), 지역적 또는 이념적 갈등의 발생원인은 무엇이며 이의 정치·사회적 함의는 무엇인지(조기숙 1996; 이갑윤 2011; 강원택 2004), 세대 간의 차이가 정치적 갈등으로 이어지고 있는지(정진민·황아란 1999; Cho and Eom 2012), 국회의원은 누구를 대표하고, 어떠한 이유로 법안에 투표하는지(이현우 2005; 전진영 2006), 왜 사람들은 정치자금을 기부하고, 이의 결과는 무엇인지(엄기홍 2006 그리고 2008; Shin 2004) 등등. 정치학자는 유권자 차원, 후보자 차원, 정부기관 차원 등에서 다양한 문제를 발견해 왔으며, 이에 대한 해답을 찾고자 노력하고 있다.

다양한 정치현상들은 이론을 통하여 보다 간결해지고, 보다 분명하게 이해될 수 있다(Shively 2002, p. 2). 가령 대한민국 유권자가 국회의원 후보자를 선택한 이유들이 이론에 의하여 체계적으로 정리되지 않는다면, 우리는 대한민국 유권자 4천만 명의 '이유들' 속에 파묻히게 될 것이다. 그렇지만 기존 연구를 살펴보면, 대한민국 유권자는 자신의 지역이익을 극대화기 위하여 후보자 소속 정당의 지도부 출신지역에 따라 투표하거나(조기숙 1996), 자신의 정책적 목표 실현을 위하여 후보자 소속 정당의 이념성향에 따라 투표하거나(이현우 2011), 현직 대통령에 대한 평가 등을 이유로 후보자를 선택하고 있었다(조진만·최준영·가상준 2006). 이와 같이 이론은 4천만 개의 이유들을 몇 가지로 간결하게 압축하여, 이해와 예측을 도모하고 있다.

이론은 왜 그러한 정치현상이 발생했는지 또는 정치현상이 어떠한 결과를 야기할지에 대한 '설명'이다. 축약하면, 이론이란 (인과)관계에 대한 설명을 의미한다. 이러한 이론은 일반적으로 독립변수와 종속변수의 형태로 제시된다.[1] 종속변수는 인과적 설명에 있어서 결과를 의미하는 변수이며, 연구자가 설명하고자 하는 변수를 의미하기도 한다. 독립변수는 인과적 설명에 있어서 원인에 해당하는 변수를 의미하며, 종속변수를 설명하는 변수이기도 하다(생각해 보기: 변수는 무엇일까?).[2] 따라서 이론이란 독립변수가 '왜' 종속변수를 야기하는지 또는 독립변수가 '어떠한' 종속변수를 야기할지에 대한 설명으로서 이해될 수도 있다.

그렇다면 이론은 어떠한 속성을 지니고 있어야 좋은 이론이 될 수 있을까? 제1장에서 언급한 바와 같이, 이론은 허위관계를 증명할 수 있는 형태로 구성되어야 하며, 이론적 함의가 다양해야 하고, 구체성이 확보된 이론이어야 한다(King, Keohane and Verba 1994, pp. 19-20). 그렇다면 이론이 이러한 속성을 지니기 위해서는 구체적으로 어떻게 구성되어야 하는가?

폴락(Pollock 2005, pp. 30-33)은 좋은 이론의 구성요소로 다음과 같은 네 가지를 제시하고 있다.

첫째, 좋은 이론은 독립변수와 종속변수 간의 관계를 구체적으로 설명하고 있어야 한다. 가령 독립변수가 정당 선호도이고 종속변수가 후보자 선택이라고 한다면, 왜 유권자의 정당 선호도가 후보자 선택에 영향을 미치는지를 구체적으로 설명해야 한다. 예를 들어, 피오리나(Fiorina 1981)는 유권자의 정당 선호도가 일종의 렌즈 역할을 하며, 이러한 렌즈가 유권자의 후보자 선택에 영향을 미친다

1) 이론이 반드시 인과관계의 형태로 제시될 필요는 없다. 이론은 변수들 간의 관계, 즉 상관관계의 형태로도 제시될 수 있다. 그렇지만 논의의 편의를 위하여, 이 책은 이론을 독립변수와 종속변수 간의 관계인 인과관계의 형태로 간주하여 논의를 전개하고자 한다.
2) 변수란 속성에 대한 경험적 관측값이다(Pollock 2005). 즉 변수란 사물 또는 현상에 대하여 일정한 기준에 따라 값을 부여한 관측값으로서 이해될 수 있다.

고 설명하고 있다. 즉 유권자는 과거의 경험에 근거하여 특정 정당에 대한 선호/비선호 성향을 축적한다. 이렇게 축적된 성향은 그 정당을 평가함에 있어 일종의 렌즈로서 역할을 해서, 같은 행동에 대해서도 선호 정당은 선호하는 방향으로 판단하게 되고, 비선호 정당은 비선호하는 방향으로 평가하는 경향을 지니게 된다. 따라서 정당 후보가 제시한 공약에 대하여, 그 후보자가 유권자가 선호하는 정당의 후보인 경우 유권자는 후보의 공약을 좋게 평가하는 반면에, 그 후보자가 유권자가 비선호하는 정당의 후보인 경우, 좋게 평가하지 않는다는 것이다. 따라서 유권자는 정당 선호도에 따라 긍정적으로 평가된 선호 정당의 후보자를 선택하게 된다.

둘째, 좋은 이론은 독립변수가 변화할 때, 어떻게 종속변수가 변화하는지를 설명하고 있어야 한다. 가령 독립변수인 후보자의 정당이 선호 정당에서 비선호 정당으로 이동할 때, 종속변수인 유권자의 후보자 선택이 어떠한지(선택/선택하지 않음)를 설명하고 있어야 한다. 달리 이야기하면, 나쁜 이론은 독립변수와 종속변수 간의 관계가 모호한 경우를 의미한다. 변수 간의 방향성이 제시되지 않은 채, 단지 정당 선호도는 후보자 선택과 관련이 있다는 식의 진술은 좋은 이론이 될 수 없다.

셋째, 좋은 이론이란 경험적으로 검증 가능한 형태로 구성되어 있어야 한다. 달리 이야기하면, 동어반복적인 진술은 경험적으로 검증될 수 없는 진술로서 좋은 이론이 아니다. 가령 왜 특정 정당 소속의 후보를 선택했느냐는 질문에, 그냥 그 정당 후보를 선택하고 싶어서라는 식의 대답은 동어반복어적 진술이므로, 경험적 검증이 불가능하다. 달리 이야기하면, 좋은 이론이란 경험적으로 검증 가능한 형태로 진술되어서 허위관계임을 증명할 수 있게 하는 이론이다. 만약 선호 정당과 비선호 정당 그룹 간에 있어서 경험적으로 후보자 선택의 차이가 없다면, 연구자는 그 이론이 허위관계임을 증명할 수 있다.

넷째, 좋은 이론이란 다양한 이론적 함의를 지니고 있어야 한다. 여기에서 다양한 이론적 함의란 '만약 제시한 이론이 맞다면(if then)'에 대답으로서, 만약 제시한 이론이 맞다면, 좋은 이론은 다양한 현상에 확대·적용될 수 있다. 예를 들어, 정당선호 이론이 유권자의 후보자 선택을 설명하는 좋은 이론이라면, 이 이론은 학벌과 같은 연고주의를 설명하는 데 확대·적용될 수 있을 것이다. 왜냐하면 학벌과 같은 연고 또한 일종의 렌즈로서 작용하여 인물을 평가하는 기제로 작용한다는 설명이 가능하기 때문이다. 또한 전쟁 발생의 원인을 국가 간 군사력 비대칭에서 찾고 있는 허츠(Huth 1988)의 이론은 조직깡패 간의 싸움을 설명하는 데에도 적용될 수 있을 것이다. 즉 허츠는 정책결정자가 합리적인 결정자로서 자국의 군사력과 적국의 군사력을 비교·계산하여, 자국에 유리한 형태로 군사력이 비대칭적일 경우 전쟁을 일으키고, 그렇지 않을 경우 전쟁을 자제한다는 이론을 제시하였다. 만약 그의 이론이 적실하다면, 조직깡패의 수뇌는 감정적이지 않고 이성적이어서, 자신의 조직과 상대방의 조직을 비교하여, 승리의 가능성이 있을 때만 싸움을 건다는 방식으로 이론적 확장이 가능할 것이다. 이와 같은 이론적 함의의 다양성 확보는 이론적 완결성을 높이는 데 기여한다.

요컨대, 좋은 이론은 독립변수와 종속변수 간에 존재하는 인과적 설명이 구체적으로 제시되어야 하며, 제시된 설명은 그 방향성이 분명히 존재해야 한다. 또한 이론은 경험적으로 검증 가능한 형태로 진술되어야 하며, 다양한 이론적 함의를 지니고 있어야 한다.

다음 절에서는 이론이 경험적으로 검증 가능한 형태로 진술된 가설에 대하여 설명하고자 한다.

제2절_가설의 구성

가설은 이론에서 도출된 진술로서, 독립변수와 종속변수 간의 관계가 경험적으로 검증 가능한 형태로서 구성되어 있어야 한다. 이때 경험적으로 검증 가능한 형태란 분석대상이 비교의 형태로 진술되어 있으며, 변수 속성 간의 관계 양상이 제시되어 있어야 한다. 만약 가설에 비교대상이 제시되지 않았다면, 비교의 기준이 분명치 않기 때문에 그 차이를 검증하는 것 자체가 시작에서부터 어렵다. 가령 "30대는 투표에 참여할 가능성이 높다."와 같이 가설이 구성될 경우, 30대와 어떤 세대(예를 들어, 20대 또는 60대)와 비교되느냐에 따라 경험적 결과가 달라지며, 따라서 가설의 경험적 검증이 무엇을 의미하는지가 확실치 않다.

또한 가설의 속성이 제시되고, 이들 간의 관계 방향성이 제시되어 있어야 한다. 예를 들어, "민주주의는 경제와 관계가 있다."라는 가설은 민주주의의 어떠한 속성이 경제의 어떠한 속성과 관계되어 있는지가 분명치 않고, 이들 개념 간의 관계에 대한 방향성이 제시되지 않았기 때문에 경험적 검증의 의미를 파악하기 어렵다.

가설은 다양한 형태(形態)로 제시될 수 있지만, 가설이 지녀야 할 요소들, 분석대상, 독립변수와 종속변수의 속성, 그리고 방향성 등을 고려하여, 다음과 같은 기본형태가 제시될 수 있다(Pollock 2005, p. 34).

> [분석대상]을 비교할 때, [독립변수의 이러한 속성을 지닌 분석대상]은 [그러한 속성을 결여한 분석대상]에 비하여, [종속변수의 값]이 높을 것이다.

기본 형태에는 연구주제에서 분석되는 대상이 제시되어 있으며, 독립변수의 속성 변화가 종속변수의 속성 변화를 어떤 식으로 야기하는지가 제시되어 있다. 예를 들어, 정당 선호도와 후보자 선택 간의 관계를 기본 형태에 맞추어 재구성하면 다음과 같이 재정리될 수 있다.

> [한국의 유권자]를 비교할 때, [보수정당을 선호하는 유권자]는 [진보정당을 선호하는 유권자]에 비하여, [보수정당 후보자]를 선택할 가능성이 높다.

이와 같은 기본 형태는 독자로 하여금, 분석되는 대상이 [한국의 유권자]이고, 독립변수의 속성이 [보수정당 선호 또는 진보정당 선호]이며, 종속변수의 속성이 [보수정당 후보자]인 것을 알게 한다. 또한 이러한 기본 형태는 독립변수의 속성 변화가 종속변수의 속성 변화에 어떠한 변화를 야기하는지를 알게 함으로써 독립변수와 종속변수 간의 관계 양상을 명확하게 한다. 따라서 가설이 경험적 검증을 거칠 경우 발생하는 결과를 예상할 수 있게 함으로써 경험적 검증의 의미를 명확하게 한다.

다음 절에서는 가설에서 제시될 수 있는 다양한 관계의 양상을 살펴보자.

제3절_관계의 다양성

가설은 변수들 간의 관계라는 형태로 진술되고 경험적 검증을 거치게 된다. 이때 관계의 양상은 크게 단순 비교와 통제된 비교로 구분된다. 단순 비교란 두 변수 간의 비교이며, 통제된 비교란 한 개 이상의 변수가 통제된 상태에서 이루어지는 두 변수 간의 비교이다. 이때 '통제된 상태'란 제3변수의 값이 일정한 수준인 경우를 의미한다. 예를 들어, 단순 비교는 〈표 2.1〉과 같이, 통제된 비교는 〈표 2.2〉와 같이 제시될 수 있다.

〈표 2.1〉 단순비교

		진보정당 후보자	
		선택	미선택
정당 선호도	진보정당 선호		
	선호 정당 없음		
	보수정당 선호		

〈표 2.1〉은 정당 선호도 변수와 진보정당 후보자 선택 변수 간의 관계이며, 독립변수는 정당 선호도이고, 종속변수는 진보정당 후보자 선택이다. 독립변수의 값은 진보정당 선호, 선호 정당 없음, 그리고 보수정당 선호이다. 종속변수의 값은 진보정당 후보자 선택인 경우와 그렇지 않은 경우로 구성되어 있다.

〈표 2.1〉의 빈 칸은 독립변수인 정당 선호도 각 범주에 있어서 진보정당 후보자 선택과 미선택의 비율로 채워진다. 만약 정당 선호도와 진보정당 후보자 선택의 가설이 적절하다면, 진보정당을 선호하는 유권자 범주에서 진보정당 후보자에게 투표한 비율이 높게 나타날 것이다. 즉 '진보정당 선호/선택' 칸의 비율이 가장 높고, '선호 정당 없음/선택'과 '보수정당 선호/선택' 칸의 비율이 그 뒤를 이을 것이다. 반면, 진보정당 후보자를 선택하지 않은 비율은 '진보정당 선호/미선택' 칸의 비율이 가장 낮을 것이고, '선호 정당 없음/미선택', 그리고 '보수정당 선호/미선택' 칸의 비율이 높아질 것이다.

그렇지만 정당 선호도와 진보정당 후보자 선택 간의 관계는 의심받을 수 있다. 즉 정당 선호도와 진보정당 후보자 선택 간의 관계는 사실 존재하지 않는데

‘지역주의’라고 하는 제3변수에 의하여 존재하는 것처럼 보인다는 주장이 제기될 수 있다. 따라서 지역주의가 통제되면, 정당 선호도와 진보정당 후보자 선택 간의 관계는 사라질 수 있다고 주장할 수 있다. 이러한 주장이 설득력이 있는 주장이라면, 연구자는 허위관계(spurious relationship)를 막기 위하여 제3변수를 통제한 후 정당 선호도와 진보정당 후보자 선택 간의 관계를 파악할 필요가 있다.

〈표 2.2〉는 제3변수가 통제된 상태에서 〈표 2.1〉의 관계를 파악하는 표이다. 〈표 2.2〉는 논의의 편의를 위하여 선택과 미선택 칸을 하나의 칸으로 대체했으며 (즉 진보정당 후보자를 선택한 유권자의 비율), 통제된 제3변수는 지역주의 성향이다. 지역주의 변수의 값은 거주지역이 호남지역, 영남지역, 기타 지역인지 여부이다. 따라서 호남지역에 거주하는 진보정당 선호 유권자 중 진보정당 후보자를 선택한 비율은 ‘호남.진보’ 칸에, 호남지역에 거주하는 선호 정당이 없는 유권자 중 진보정당 후보자를 선택한 비율은 ‘호남.무’ 칸에, 그리고 호남지역에 거주하는 보수정당 선호 유권자 중 진보정당 후보자를 선택한 비율은 ‘호남.보수’ 칸에 놓이게 된다. 다른 칸도 같은 방식으로 구성되어 있다.

〈표 2.2〉 통제된 비교

		진보정당 후보자		
		호남지역	영남지역	기타 지역
정당 선호도	진보정당 선호	호남.진보	영남.진보	기타.진보
	선호 정당 없음	호남.무	영남.무	기타.무
	보수정당 선호	호남.보수	영남.보수	기타.보수

통제된 비교는 제3변수를 통제한 상태에서 독립변수와 종속변수 간의 관계를

파악하는 비교이다. 〈표 2.2〉는 정당 선호도와 진보정당 후보자 선택 간의 관계가 지역주의에 따라 변동한다는 지적에 따라, 지역주의를 통제한 상태에서 정당 선호도와 진보정당 후보자 선택 간의 관계를 비교한 표이다. 따라서 정당 선호도와 후보자 선택 간의 관계가 적절하다면, 거주하는 지역이 같은 유권자 너에서도 정당 선호도와 진보정당 후보자 선택 간의 관계가 가설에서 제시된 방향으로 나타나야 할 것이다.

통제된 비교에서는 다양한 형태의 관계가 나타날 수 있다. 예를 들어, 통제된 상태에서는 두 변수 간의 관계가 사라질 수 있으며(허위관계), 아니면 그다로 유지될 수도 있으며(독립적 관계), 또는 통제변수의 조건에 따라 그 관계가 달라질 수 있다(조건적 관계). 〈표 2.3〉부터 〈표 2.4〉까지는 이와 같은 다양한 형태의 관계 양상을 보여 주고 있다. 각 표의 칸에 있는 숫자는 지역주의가 통제된 상태에서 정당 선호도에 따른 진보정당 후보자 선택의 유권자 퍼센트이다.

〈표 2.3〉 허위관계

	진보정당 후보자		
	호남지역	영남지역	기타 지역
진보정당 선호	33%	33%	33%
선호 정당 없음	33%	33%	33%
보수정당 선호	33%	33%	33%

〈표 2.3〉에서 첫 번째 행과 첫 번째 열에 해당하는 33%는 호남지역 거주자 내에서 진보정당 선호 유권자 중 진보정당 후보자에게 투표한 유권자의 퍼센트이다. 첫 번째 행과 두 번째 열에 해당하는 33%는 영남지역 거주자 중에서 진보정당 선호 유권자로 밝힌 유권자 중 진보정당 후보를 선택한 유권자의 퍼센트이다.

〈표 2.3〉의 결과를 보면, 지역주의가 통제되었을 때 정당 선호도와 진보정당 후보자 선택 간에 관계가 없을 가능성이 크다. 왜냐하면 동일한 거주 지역에 있어서는 정당 선호도와 진보정당 후보자 선택 간에 차이가 나타나지 않고 있기 때문이다. 예를 들어, 호남지역 거주자 중에서 유권자가 진보정당을 선호하든, 선호하는 정당이 없든, 보수정당을 선호하든, 진보정당 후보자를 선택한 퍼센트는 33%로 같다. 이와 같은 경우는 영남지역, 기타 지역 모두에서 나타나고 있어서, 지역주의가 통제되었을 경우 정당 선호도의 속성이 변화되어도 진보정당 후보자를 선택한 퍼센트가 달라지지 않고 있었다. 따라서 분석 결과가 〈표 2.3〉과 같이 나타난다면, 우리는 정당 선호도와 진보정당 후보자 선택 간의 관계가 허위관계였다고 판단할 수 있다. 이와 같은 이유로 연구계획 상에 통제변수의 필요성이 제기된다.

그렇다면 두 변수 간의 관계가 허위관계임을 증명할 수 있는 제3변수가 갖추어야 할 조건은 무엇인가? 만약 이러한 조건이 제시되지 않는다면, 우리는 세상에 있는 모든 변수를 통제해야 하는 부담을 갖게 된다.

킹 등(King, Keohane and Verba 1994, pp. 168-176)은 다음과 같은 세 가지 조건이 충족되어야만 허위관계임을 증명할 수 있는 제3변수가 될 수 있다고 지적하고 있다.[3)]

① 제3변수는 독립변수의 원인이 되어야 한다.
② 제3변수는 독립변수에 시간적으로 선행해야 한다.
③ 제3변수는 종속변수의 원인이 되어야 한다.

---

3) 이 조건들은 누락편수 편향(omitted variable bias)이라는 용어로도 사용되며, 모델구성 오류(specification error) 중 하나이다(Kmenta 1997, pp. 443-446).

첫 번째 조건은 제3변수가 기존에 포함된 독립변수의 원인이어야 한다는 조건이다. 만약 제3변수가 기존에 포함된 독립변수의 결과라면, 제3변수가 통제되어 독립변수와 종속변수 간의 관계가 사라진다고 할지라도, 독립변수는 제3변수를 통하여 종속변수에 여전히 영향을 미칠 수 있다. 예를 들어, 지역주의(제3변수)가 정당 선호도(기존에 포함된 독립변수)에 따른 결과라면, 지역주의가 통제되어 정당 선호도와 후보자 선택 간의 관계가 사라진다고 할지라도, 정당 선호도는 지역주의를 통하여 여전히 후보자 선택에 영향을 미치는 것으로 볼 수 있다.

같은 맥락에서 제3변수는 독립변수에 시간적으로 선행해야 한다. 과거가 미래에 영향을 줄 수는 있어도 미래가 과거에는 영향을 미칠 수 없기 때문이다. 따라서 유권자의 지역주의 성향은 유권자의 정당 선호도에 시간적으로 선행해야 한다.

끝으로 제3변수는 종속변수의 원인이 되어야 한다. 제3변수가 종속변수에 영향을 미치지 못할 경우, 독립변수와 종속변수 간의 관계는 변화하지 않기 때문이다. 따라서 허위관계의 가능성을 제기할 수 있는 변수는 독립변수의 원인조건, 독립변수의 시간적 선행조건, 그리고 종속변수의 원인조건, 이 세 가지 조건이 충족되는 변수로 한정될 수 있다.

가설에서 제시될 수 있는 두 번째 유형의 관계는 독립적 관계이다(〈표 2.4〉 참고). 독립적 관계란 제3변수가 통제됐음에도 불구하고 독립변수가 여전히 종속변수에 영향을 미치고 있는 경우를 의미한다. 즉 거주지역이 같은 유권자 중에서도, 진보정당을 선호하는 유권자들이 선호 정당 없음 또는 보수정당 선호 유권자들에 비하여 진보정당 후보자를 선택하는 비율이 여전히 높은 경우이다. 이와 같은 경우, 제3변수가 통제된다 할지라도 정당 선호도와 진보정당 후보자 선택 간에는 여전히 관계가 있으며, 이때 우리는 이들 간의 관계가 독립적 관계라고 판단할 수 있다.

〈표 2.4〉 독립적 관계

	진보정당 후보자		
	호남지역	영남지역	기타 지역
진보정당 선호	50%	50%	50%
선호 정당 없음	30%	30%	30%
보수정당 선호	20%	20%	20%

예를 들어, 〈표 2.4〉에 제시된 바와 같이 호남지역 거주자 중 진보정당 선호 유권자의 50%가 진보정당 후보자를 선택했으며, 같은 지역 거주자 중 '선호 정당 없음' 유권자의 30%가 진보정당 후보자를, 그리고 같은 지역 거주자 중 보수정당 선호 유권자의 20%만이 진보정당 후보자를 선택함으로써 정당 선호도의 속성에 따라 진보정당 후보자에 대한 선택의 비율이 차별적임을 알 수 있다. 이와 같은 경향은 영남지역 거주자, 기타 지역 거주자에게도 동일하게 나타남으로써 거주 지역에 관계없이 정당 선호도는 후보자 선택에 영향을 미치고 있음을 알 수 있다. 따라서 분석 결과가 〈표 2.4〉와 같을 경우, 연구자는 정당 선호도가 제3변수(지역주의)와 독립적으로 후보자 선택에 영향을 미치고 있다고 판단할 수 있다.

마지막 유형의 관계인 조건적 관계는 제3변수의 속성에 따라 독립변수와 종속변수 간의 관계가 변화하는 것이다. 〈표 2.5〉에 제시된 바와 같이, 거주하는 지역에 따라서 정당 선호도와 후보자 선택 간의 관계가 다른 경우(관계가 존재하는 경우, 존재하지 않는 경우, 약하게 존재하는 경우)가 발견될 수 있다.

〈표 2.5〉 조건적 관계

	진보정당 후보자		
	호남지역	영남지역	기타 지역
진보정당 선호	50%	33%	45%
선호 정당 없음	30%	33%	35%
보수정당 선호	20%	33%	30%

위의 표에서 제시된 바와 같이, 거주 지역이 호남지역일 경우 진보정당 선호 유권자의 50%가 진보정당 후보자를 선택하였다. 그 뒤를 이어 선호 정당이 없는 유권자의 30%, 그리고 보수정당 선호 유권자의 20%가 진보정당 후보자를 선택했다. 이와 같은 결과는 거주지역이 호남지역으로 통제된다고 할지라도 정당 선호도와 진보정당 후보자 선택 간에 관계가 있을 가능성이 있음을 제시하고 있다.

그렇지만 호남지역에서 보이는 정당 선호도와 진보정당 후보자 선택 간의 관계는 영남지역에서는 나타나지 않고 있으며, 기타 지역에서는 호남지역에 비하여 다소 약하게 나타나고 있다. 예를 들어, 영남지역의 경우 정당 선호도와 관계없이 같은 퍼센트(33%)의 유권자가 진보정당 후보자를 선택하고 있다. 또한 기타 지역의 경우 진보정당 선호 유권자의 45%가 진보정당 후보자를 선택한 반면, 선호 정당이 없는 유권자의 35%와 보수정당 선호 유권자의 30%가 진보정당 후보자를 선택함으로써 진보정당 정당 선호도와 후보자 선택 간에 차이가 존재하지만, 호남지역의 경우보다는 약하게 나타나고 있다. 따라서 〈표 2.5〉는 거주하는 지역에 따라 정당 선호도와 진보정당 후보자 선택 간의 관계가 조건적임을 보여 주고 있다.

이 장에서는 좋은 이론과 가설을 구성하기 위한 논의와 가설에서 제시될 수 있는 다양한 관계 양상을 소개하였다. 이어지는 제3장에서는 가설을 경험적으로 검증하기 위하여 필수적으로 거쳐야 할 개념 측정과 이의 결과인 변수에 대하여 논의하고자 한다.

| 제3장 | 개념 측정과 변수

이론과 이에 기반을 둔 가설이 도출되면, 이러한 가설이 경험적으로 적실성 있는 가설인지를 검증해야 한다. 그렇지만 이론과 가설은 일반적으로 추상성이 높은 개념들로 구성된 진술이기 때문에 경험적 검증을 위해서는 개념의 추상성을 낮추어 현실적으로 측정 가능한 형태로 전환시켜야 할 필요가 있다. 따라서 본 장에서는 개념을 타당하고 신뢰할 수 있게 측정하는 방법, 그리고 개념과 측정 간에 오차가 발생했을 때 생기는 문제점에 대하여 논의하고자 한다.

제1절_개념적 정의

개념이란 관찰과 경험을 통하여 얻어진 현상에 대한 공유된 관념(觀念)이다. 가설은 이들 개념 간의 관계에 대한 진술이며, 이론이란 이들 개념들이 왜 관계되는지에 대한 설명이다. 예를 들어, 근대화 이론은 "경제발전과 민주주의라는 개념을 이용하여 경제발전이 민주주의를 이끈다."라는 설명을 제공하며(Pye 1990), 정당일체감 이론은 정당선호라는 개념을 통하여 유권자의 투표 행태를 설명한다(Fiorina 1981). 이와 같이 개념은 사회현상에 대한 개인의 관찰과 경험을 통하여 공유된 생각으로서 이론 및 가설의 주요 요소로서 역할을 한다.

그렇지만 개념은 추상적 요소로서 그 자체에 대한 정의가 명확히 제시되지 않을 경우, 가설에서 제시된 관계를 설정하는 데 어려움이 있으며, 이에 따라 경험적 검증이 제시하는 바가 분명치 않을 수 있다. 가령 “여성은 남성보다 진보적이다.”라는 가설이 제시되었을 경우, ‘진보’라는 개념에 대한 정의에 따라, 가설의 관계가 달라지며, 이에 따라 경험적 검증의 의미도 달라질 수 있다. 즉 ‘진보’라는 의미가 일상적으로 언급되는 ‘안정과 변화’를 의미하는지, 정치학적인 측면에서 논의되는 경제 및 사회에 대한 정부의 개입 정도를 의미하는지에 따라서, 가설이 제시하는 관계의 양상이 다르며, 이에 따라 경험적 검증의 의미도 달라진다. 따라서 가설에서 사용된 개념은 명확히 정의될 필요가 있으며, 이러한 이유로 개념적 정의(conceptual definition)의 중요성이 대두된다.

개념적 정의란 추상적 개념을 다른 보다 구체적인 개념을 통하여 묘사하는 것을 의미한다. 보다 구체적인 개념이란 그 개념이 내포하고 있는 속성으로, 그 속성을 통하여 개념에 해당하는 대상과 그렇지 않은 대상을 구분하는 역할을 한다(Pollock 2005, pp. 9-11). 개념적 정의는 개념의 속성을 명확히 하는 단계(개념적 정의의 구성 단계)와 개념적 정의를 진술하는 단계(개념적 정의의 진술 단계)로 이루어진다. 먼저 개념적 정의의 구성 단계를 살펴보자.

1. 개념적 정의의 구성

개념의 속성을 명확히 하는 개념적 정의의 구성 단계는 개념과 관련된 가능한 모든 속성을 나열하고(속성의 나열 단계), 나열된 속성 중 본질적 속성을 제외한 나머지 속성을 버리는 과정을 통하여 완성된다(속성의 제거 단계).

선호 후보자라는 개념을 정의하고자 할 경우, 먼저 어떤 속성이 선호하는 후보자가 있는 유권자와 그렇지 않은 유권자를 구분할 수 있는 속성인 지를 파악하여, 관련된 속성 모두를 나열한다. 두 번째 단계는 나열된 속성 중 '이 속성'이 없으면, 개념에 해당하는 유권자와 개념에 해당하지 않은 유권자를 구분할 수 없는 경우를 파악하여, 이러한 속성을 제외한 나머지 속성들을 제거하는 단계이다. 이러한 과정을 거쳐 남겨진 속성은 개념의 본질적 속성으로 간주할 수 있다.

예를 들어 선호 후보자 개념에 대한 개념적 정의는 다음과 같은 과정을 통하여 완성될 수 있다. 먼저 〈표 3.1〉과 같이, 선호 후보자 개념과 관련된 속성을 나열해 보자. 가령 선호하는 후보자가 있는 유권자는 그렇지 않은 유권자에 비하여 후보자 토론회를 보다 많이 시청할 것이다. 또한 선호하는 후보자가 있는 유권자는 그렇지 않은 유권자에 비하여 SNS(Social Network Service) 상에서 후보자들과 소통할 가능성이 크다. 이와 같은 속성들은 선호 후보자가 있는 유권자와 그렇지 않은 유권자 사이를 구분해 줄 수 있는 속성들로서 속성의 나열 단계에서 제시된다.

〈표 3.1〉 속성의 나열 단계

선호 후보자가 있는 유권자	선호 후보자가 없는 유권자
후보자 토론회를 시청함.	후보자 토론회를 시청하지 않음.
후보자 SNS에 댓글을 닮.	후보자 SNS에 댓글 달지 않음.
후보자 관련 뉴스를 검색함.	후보자 관련 뉴스를 검색하지 않음.
후보자 대외 활동에 참여함.	후보자 대외 활동에 참여하지 않음.
후보자 후원회에 후원금을 기부함.	후보자 후원회에 후원금 기부하지 않음.
정치인은 이타적 존재라고 인식함.	정치인은 이기적 존재라고 인식함.
정치가 잘돼야 경제가 잘된다고 생각함.	정치와 경제는 관련이 없다고 생각함.
정치에 관심이 많음.	정치에 관심이 없음.
정치적 지식이 높음.	정치적 지식이 낮음.

그렇지만 〈표 3.1〉에 제시된 모든 속성이 선호 후보자와 관련된 본질적 속성일까? 즉 '후보자 토론회 시청'이라는 속성이 없으면, 우리는 선호하는 후보자가 있는 유권자와 그렇지 않은 유권자를 구분할 수 없을까? 개념적 정의의 구성에 있어서 두 번째 단계는 나열된 속성 중 개념에 반드시 필요한 속성을 파악하고, 이외의 속성은 제거하는 단계이다. 반드시 필요한 속성이란 그 속성이 없을 경우 개념에 해당하는 대상과 개념에 해당하지 않는 대상을 구분할 수 없는 속성들, 즉 개념의 본질적 속성을 의미한다.

그렇다면 선호 후보자에 본질적인 속성은 무엇일까? 가령 "정치가 잘돼야 경제가 잘된다."는 속성이 선호 후보자의 본질적 속성에 포함될까? 즉 "정치가 잘돼야 경제가 잘된다."라고 생각하는 사람들'만'이 선호하는 후보자가 있고, 정치와 경제가 관련이 없다고 생각하는 사람들은 선호하는 후보자가 없을까? 이와 같이, 정치적 관심이 많은 사람들'만'이 선호하는 후보자가 있고, 정치적 관심이 없는 유권자는 선호하는 후보자가 없는가? 정치적 지식이 많은 사람'만'이 선호하는 후보자가 있고, 정치적 지식이 낮은 사람은 선호하는 유권자가 없는가? 이와 같은 질문을 통하여, 즉 특정한 속성이 존재할 때만이 대상자들을 구분할 수 있을 때, 우리는 해당 속성을 본질적 속성으로 분류할 수 있다. 이러한 과정을 통하여 본질적 속성을 파악하면, 〈표 3.2〉와 같은 속성들이 제시될 수 있다.

〈표 3.2〉 속성의 제거 단계

선호 후보자가 있는 유권자	선호 후보자가 없는 유권자
후보자 SNS에 댓글을 닮.	후보자 SNS에 댓글을 달지 않음.
후보자 대외 활동에 참여함.	후보자 대외 활동에 참여하지 않음.
후보자 후원회에 후원금을 기부함.	후보자 후원회에 후원금을 기부하지 않음.
정치인은 이타적 존재라고 인식함.	정치인은 이기적 존재라고 인식함.

〈표 3.2〉에 살아남은 속성들은 선호 후보자라는 개념의 본질적 속성에 근접할 가능성이 크다. 그렇지만 보다 자세히 들여다보면, 나열된 속성들이 서로 다른 차원의 속성인 것을 알 수 있다. 예를 들어, '후보자 SNS에 댓글을 닮', '후보자 대외 활동에 참여함', '후보자 후원회에 후원금을 기부함'은 행위에 관한 속성이고, '정치인은 이타적 존재라고 생각함'은 신념에 관한 속성인 것을 알 수 있다. 즉 전자는 선호하는 후보자가 있을 경우에 하게 될 행위와 관련된 속성이고, 후자는 선호하는 후보자가 있을 경우 후보자에 대하여 갖는 신념에 관한 속성이다.

따라서 연구자는 연구주제가 개념의 행위적 측면에 해당하는 것인지, 아니면 신념적 측면에 해당하는지에 따라 개념적 속성을 정해야 한다. 즉 연구자는 연구주제의 맥락에서 행위와 관련된 속성을 채택하는 것이 적절한지, 아니면 신념과 관련한 속성을 채택하는 것이 적절한지를 결정할 필요가 있다. 선호 후보자와 정치참여 간의 관계라는 연구주제가 있다면, 선호 후보자라는 개념을 행위와 관련된 속성으로 제한하고 정치참여의 개념도 행위에 관한 속성으로 한정한다면, 이 연구주제는 하나의 행위가 다른 행위를 이끄는지에 대한 연구가 된다. 반면, 정치참여에 대한 개념을 그대로 둔 채 선호 후보자 개념을 신념에 관한 속성으로 한정한다면, 이 연구주제는 신념이 행위를 이끄는지에 대한 연구가 된다. 본 절에서는 논의의 편의상 선호 후보 개념을 행위적 속성(후보자 SNS에 댓글을 닮, 후보자 대외 활동에 참여함, 후보자 후원회에 후원금을 기부함)으로 한정하고자 한다.

2. 개념적 정의의 진술 단계

개념에 대한 명확함이 마련된 후, 연구자는 청중이 이해하기 쉬운 형태로 개념을 진술해야 한다. 개념적 정의를 진술하는 형태는 다양하나, 다음과 같은 세 가지 요소가 최소한으로 요구된다(Pollock 2005, p. 11).

① 속성의 정도에 대한 명시
② 개념이 적용되는 대상 또는 그룹 명시
③ 속성이 측정되는 방식 명시

개념은 다른 보다 구체적인 개념을 통하여 정의되며, 보다 구체적인 개념은 정의되는 개념의 본질적 속성이다. 이러한 본질적 속성은 그러한 속성을 지니고 있는 대상과 그러한 속성을 지니지 않는 대상을 구분시키는 기준점 역할을 한다. 이러한 맥락에서 볼 때 개념적 정의는 속성의 정도가 명시되어야 하며, 그 정도가 적용되는 대상 또는 그룹이 존재해야만 한다. 또한 이러한 속성이 측정 가능한 형태로 존재해야만 명확한 의미의 개념적 정의가 완성된다고 볼 수 있다. 이러한 측면에서 앞서 제시한 세 가지 요소는 개념적 정의의 진술 단계에 있어서 기본 요소라고 볼 수 있다. 이러한 기본 요소를 바탕으로 개념적 정의의 기본 형태를 제시하면 다음과 같다.

[A]라는 개념은 [분석단위]가 나타내는 [A의 본질적 속성들]에 대한 [정도]로서 정의된다.

개념적 정의의 기본 형태는 개념 [A]와 이 개념이 적용되는 [분석단위], 그리고 이 분석단위가 나타내고 있는 [본질적 속성들]의 [정도]이다. 가령 개념적 정의의 기본 형태에 따라 선호 후보자 개념에 대한 개념적 정의를 내리면 다음과 같다. 이때의 분석단위는 유권자로 가정한다.

> [선호 후보자]라는 개념은 [유권자]가 나타내는 [후보자 대외 활동에의 참석]에 대한 [정도]로서 정의된다.

즉 [선호 후보자]에 대한 개념적 정의에는 분석단위인 [유권자], 선호 후보자의 본질적 속성 중 하나인 [후보자 대외 활동에의 참석]이라는 측정 가능한 형태의 개념 제시, 그리고 이에 대한 정도를 의미하는 [정도]라는 용어가 사용되었다.

제2절_조작적 정의

개념적 정의가 제시된 이후에는 이러한 개념적 정의를 측정할 수 있는 수단이 마련되어야 한다. 즉 개념적 정의에서 제시된 본질적 속성을 어떻게 측정할 것인지에 대한 조작적 정의(operational definition)가 제시되어야 한다. 가령 후보자 대외 활동에의 참석이 '연간 없음/1번/2번/3번' 등과 같이 횟수로서 측정될지, 아니면 '없음/약간/자주/매우 자주' 등과 같은 형태로 측정될지, 아니면 '없음/있음'과 같은 형태로 측정될지에 대한 측정 방식이 제시되어야 한다.

그렇지만 개념적 정의가 조작적 정의를 통하여 경험적으로 구체화되는 과정에서 이들 두 가지 정의가 반드시 일치되는 것은 아니다. 즉 개념적 정의를 경험적으로 조작화하는 과정에서 오차가 발생할 수 있다. 이와 같이 개념적 정의를 조작적 정의로 구체화시키는 과정에서 발생하는 오차를 측정오차 (measurement error)라고 일컫는다. 본 절에서는 측정오차의 유형과 이의 검증 방법을 소개하고자 한다.

1. 측정오차

측정오차는 체계적 측정오차(systematic measurement error)와 무작위적 측정오차(random measurement error, 또는 random error)로 구분된다. 체계적 측정오차란 측정하고자 하는 개념적 정의를 '바르게' 측정하는지의 문제이고, 무작위적 측정오차란 측정의 '일관성'에 관한 것으로서 같은 대상에 대한 측정이 반복적으로 행해질 경우 같은 결과가 나오는지의 문제이다. 따라서 만약 개념적 정의의 속성을 측정하기 위하여 사용한 측정도구가 측정하고자 하는 속성을 바르게 측정하고 있다면, 체계적 측정오차는 없다고 할 수 있다. 한편, 개념적 정의의 속성을 측정하기 위하여 사용한 측정도구가 측정하고자 하는 속성'만'을 측정하고 다른 요소들은 측정하지 않아서 측정할 때마다 같은 측정치가 나온다면, 무작위적 측정오차는 없다고 할 수 있다. 그렇지만 측정도구의 일관성 결여, 가령 연구자의 피로 등과 같은 요소와 우연적 요소 등이 결합되어, 측정할 때마다 다른 측정치가 나올 수 있다.

예를 들어, 연구자가 측정하고자 하는 바가 사람의 키라고 하자. 측정도구로 주어진 것은 온도계, 손바닥, 센티미터 자이다. 만약 세 가지 측정도구로 사람의 키라는 속성을 측정하면, 어떠한 측정오차가 발생하게 될까? 가장 먼저 사람들은 온도계가 사람의 키를 바르게 측정할 수 있는 수단인가 하는 점에 의아해할 것이다. 왜냐하면 온도계는 온도를 측정하는 수단이지, 키를 재는 수단은 아니라는 생각이 있기 때문이다. 반면, 손바닥이나 센티미터 자를 가지고 사람의 키를 측정하는 것에 대해서는 그리 의아해하지 않을 것이다. 손바닥이나 센티미터 자는 사람의 키와 같은 길이를 재는 도구로서 적절하다는 생각이 있기 때문이다. 따라서 사람의 키를 측정하는 수단이 온도계, 손바닥, 센티미터 자일 경우, 손바닥이나 센티미터 자는 측정하고자 하는 사람의 키를 바르게 측정하는 도구인 반면, 온도계는 바르게 측정하지 못하는 도구로서 간주할 수 있다. 이를 달리 이야기하면, 손바닥과 센티미터 자는 체계적 측정오차가 없는 반면, 온도계는 체계적 측정오차가 크다고 할 수 있다.

그렇다면 같은 사람의 키를 반복적으로 잴 때, 손바닥으로 재는 것과 센티미터 자로 재는 것 중 어떤 측정 수단이 일관적인 측정치를 만들어 낼까? 아마도 여러분들은 같은 손바닥으로 같은 사람을 측정하면, 측정할 때마다 약간씩 다른 측정치가 나오는 것을 발견할 수 있을 것이다(특히 측정대상의 청결 상태나 호감도에 따라서). 반면 센티미터 자로 측정대상의 키를 잴 때는 비교적 일관된 값을 갖는 것을 발견할 수 있을 것이다. 만약 같은 대상에 대한 반복적인 측정치가 이와 같다면, 우리는 손바닥이 센티미터 자보다 무작위적 측정오차가 크다고 말할 수 있다. 왜냐하면 손바닥이라는 측정도구를 사용하여 측정대상을 반복적으로 측정한 결과값의 일관성이 센티미터 자로 측정한 결과값의 일관성보다 낮기 때문이다.

쉬블리(Shively 2002, p. 48)는 화살이 과녁에 맞는 것에 빗대어 두 가지 유형의 측정오차를 설명하고 있다. 네 명의 궁수 A, B, C, D가 과녁에 활을 쏘았으며, 그 결과는 〈그림 3.1〉에 제시되어 있다.

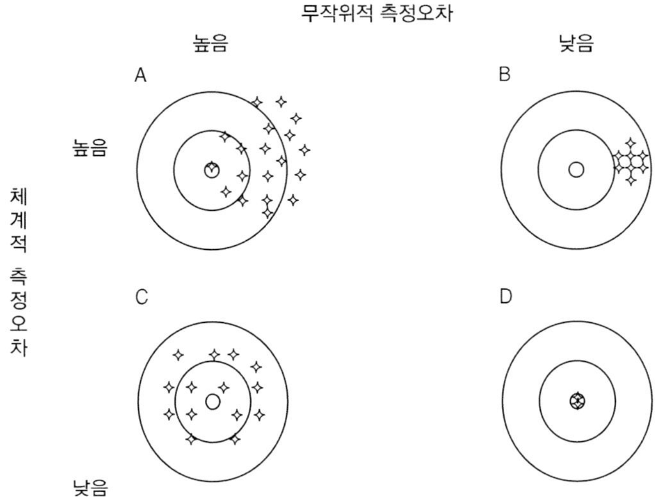

〈그림 3.1〉 측정오차
출처: Shively(2002, p. 48).

〈그림 3.1〉에서 가로축은 무작위적 측정오차의 정도를 의미하며, 세로축은 체계적 측정오차의 정도를 의미한다. 궁수 D는 과녁의 중앙에 화살을 모두 명중시킨 반면, 다른 궁수들은 과녁을 맞추지 못하거나, 화살을 쏠 때마다 과녁의 다른 부분을 맞추었다. 즉, 궁수 D와 달리, 궁수 A, B, C는 다양한 측정오차를 나타내고 있다.

예를 들어, 궁수 A는 과녁을 제대로 맞추지도 못했으며(높은 체계적 측정오차), 과녁의 다양한 곳을 두루 맞추고 있었다(높은 무작위적 측정오차). 궁수 B는 과녁의 일정한 곳을 지속적으로 맞추고 있었지만(낮은 무작위적 측정오차), 그 일정한 곳이 과녁의 중앙은 아니었다(높은 체계적 측정오차). 궁수 C는 평균적으로 볼 때 과녁의 중앙을 맞추고는 있었으나(낮은 체계적 측정오차), 산만하게 맞추고 있었다(높은 무작위적 측정오차). 달리 이야기하면, 궁수 D의 측정은 체계적 측정오차나 무작위적 측정오차가 거의 없는 반면, 다른 궁수들의 측정은 한 유형 또는 두 유형 모두에 있어서 측정오차가 발생하고 있었다.

2. 타당성과 신뢰도

연구자는 개념적 정의의 속성을 측정하기 위하여 어떠한 측정도구를 가지기를 원할까? 당연히 연구자는 개념적 정의를 측정하는 수단이 가능한 측정오차가 없기를 바랄 것이다. 보다 구체적으로 말하면, 연구자는 사용하는 측정도구가 체계적 측정오차가 없는 타당한 측정도구(valid measure)이고 사용되는 측정도구가 무작위적 측정오차가 없는 신뢰할 만한 측정도구(reliable measure)이기를 바랄 것이다. 달리 이야기하면, 연구자는 측정도구의 타당성과 신뢰성을 확보하기를 원할 것이다.

측정도구의 타당성(validity)이란 측정도구가 측정하고자 하는 개념을 '바르게' 측정하는지이다. 측정도구의 타당성은 체계적 측정오차와 밀접한 관련이 있는 것으로, 체계적 측정오차가 낮을 경우 측정도구의 타당성이 높다고 이야기할 수 있다. 앞서 제시한 예에서 볼 때, 사람의 키를 측정하는 데 있어 손바닥이나 센티미터 자가 온도계보다는 측정도구의 타당성이 확보된 수단이다.

측정도구의 신뢰도(reliability)란 측정도구가 측정하고자 하는 개념을 반복적으로 측정할 때 '일관된' 결과값을 제시하는지이다. 측정도구의 신뢰도는 무작위적 측정오차와 밀접한 관련이 있는 것으로서, 무작위적 측정오차가 낮을 경우 측정도구의 신뢰성이 높다고 이야기할 수 있다. 앞서 제시한 예에서 볼 때, 사람의 키를 측정하는 데 있어 센티미터 자가 손바닥보다는 유사한 결과 값을 제시하기 때문에 센티미터 자가 손바닥보다는 측정도구의 신뢰도가 높은 수단으로서 간주할 수 있다.

측정도구의 타당성과 신뢰도는 다양한 방법으로 평가되고 있다(Frankfort-Nachmias and Nachmias 2000, chapter 7).[4] 예를 들어, 측정도구의 타당성 평가 방식은 사용된 측정도구에 기준한 타당성 평가 방식(내용 타당성), 그리고 연관된 개념을 측정하는 측정도구와의 관계를 통한 타당성 평가 방식(구성 타당성) 등이 있다.

내용 타당성 평가(content validity)는 개념과 측정도구 간의 연관성을 기준으로 측정도구의 타당성을 평가하는 방식이다. 내용 타당성 평가 방식 중 하나인 안면 타당성(face validity)은 사용되는 측정수단이 개념에 대한 일반적인 상식과 어느 정도 부합하는지에 따라 평가된다. 예를 들어, 사람의 키를 측정하는 수단으로서 센티미터 자는 일반적 상식에 부합하는 반면, 온도계는 그 부합성이 떨어진다고 볼 수 있다.

그러나 일반적 상식과의 부합성은 측정수단이 다양하게 해석될 수 있을 때 문제가 된다. 예를 들어, 정치적 효능감(political efficacy)을 측정하는 데 흔히 사용되는 측정도구는 "투표란 나와 같은 유권자가 정부활동에 대하여 말할 수 있는 유일한 수단인가?" 하는 질문이다. 언뜻 보기에 이러한 질문은 유권자의 정치적 효능감을 측정하기에 일반적 상식에 부합하는 질문이고, 이에 따라 안면 타당성을 확보하고 있는 듯하다. 그렇지만 이 질문을 보다 자세히 보면, 정치적 효능감이 낮은 사람은 이러한 질문에 그렇다고 답할 수도 있고, 그렇지 않다고

4) 개념 자체의 추상성으로 인하여 측정도구의 타당성을 평가할 수 있는지에 대한 의문이 제기되고 있다. 이에 반해 측정도구의 신뢰성에 대한 평가는 비교적 쉽게 받아들여지고 있다(Pollock 2005, p. 17).

답할 수도 있다. 가령 질문이 의도한 것처럼 정치적 효능감이 낮은 사람은 정부 정책에 대한 자신의 영향력은 대단히 작을 것이라고 생각할 것이다. 따라서 투표가 그나마 자신의 정치적 목소리를 낼 수 있는 유일한 영역이라고 생각할 수 있고, 따라서 앞서와 같은 질문에 그렇다고 답할 수 있다. 그렇지만 정치적 효능감이 너무 낮은 사람은 투표 자체의 효력에도 의구심을 가질 수 있다. 즉 자신이 던지는 한 표가 선거 결과에 미칠 가능성이 낮으며, 따라서 내가 투표에 참가하든 그렇지 않든 정부정책에는 차이가 없을 것으로 생각할 수도 있다. 따라서 정치적 효능감이 너무 낮은 사람은 앞서의 질문에 그렇지 않다고 답할 수도 있다. 만약 이러한 주장이 설득력을 갖는다면, 정치적 효능감을 측정하기 위하여 사용된 앞서의 질문은 안면 타당성이 결여된다고 볼 수 있다.

내용 타당성 평가 방식의 두 번째 유형은 표집 타당성(sampling validity)이다. 표집 타당성이란 사용된 측정도구가 개념의 모든 측면을 적절히 측정하고 있는지이다. 표집 타당성은 모집단인 개념을 측정하기 위하여 선택된 표본(즉 측정도구)이 모집단의 모든 측면을 대표할 수 있게 선택되었는지의 문제로 볼 수 있다. 따라서 연구자의 주관적 판단에 의지하여 측정도구의 일반적 상식과의 부합성을 판단하는 안면 타당성과 달리, 표본 타당성은 개념의 모든 측면이 측정도구에 의하여 잘 대표되었는지에 따라 판단하고 있다.

타당성에 대한 또 다른 평가 방식인 구성 타당성(construct validity)은 측정하는 개념과 밀접하게 연관된 개념과의 관계를 통하여 측정도구의 타당성을 평가한다.[5] 구성 타당성은 측정하고자 하는 개념과 그 개념과 연관이 있는 것으로

5) 연관된 개념을 측정하는 측정도구와의 관계를 통한 타당성 평가 방식으로서 구성적 타당성(construct validity), 기준 타당성(criterion-related validity) 등이 있다. 그렇지만 기준 타당성이 측정도구들 간의 예측된 관계에 대한 판단을 평가의 논리적 기반으로 사용하고 있다는 점에서, 보다 포괄적 개념을 지닌 구성적 타당성의 특수한 관계로 간주될 수 있다.

간주되는 다른 개념 간에 긴밀한 관계가 있을 것이라는 전제에서 출발한다. 따라서 측정도구가 측정하고자 하는 개념을 바르게 측정하고 있다면, 그 개념과 밀접한 연관이 있는 다른 개념의 측정도구와도 밀접한 연관이 있을 것이다. 따라서 구성 타당성은 측정도구의 타당성이 높다면, 밀접한 관련이 있는 다른 개념의 측정도구들과 높은 관련성을 보여야 한다.

예를 들어, 대학수학능력시험은 대학교에서의 잠재적 학업 능력을 측정하기 위하여 고안된 측정도구이다. 따라서 대학수학능력시험이 대학교에서의 잠재적 학업 능력을 측정하는 타당성 있는 측정도구라면, 잠재적 학업 능력과 밀접한 관련이 있을 것으로 간주되는 '실제' 학업 능력의 측정도구, 즉 대학 평점과 밀접한 관련이 있을 것이다(생각해 보기: 평점이 실제 학업 능력의 측정도구라는 점에 모두 동의하시나요?). 따라서 연구자는 대학수학능력시험의 성적과 대학 평점 간의 상관관계를 분석함으로써 대학수학능력시험의 구성 타당성을 검증할 수 있다.

측정도구의 타당성은 주요한 개념이지만, 측정도구의 신뢰성이 확보되지 않으면, 측정된 값의 확실성은 떨어질 수밖에 없다. 측정도구의 신뢰성 평가는 동일한 현상을 반복적으로 측정한 후, 결과값의 유사성을 평가하는 방식으로 구성되어 있다. 측정도구의 신뢰성을 평가하는 방식은 검증-재검증 방식(test-retest method), 반분법 방식(split-half method) 등이 있다.

검증-재검증 방식은 하나의 측정도구를 동일한 분석대상에게 시간에 따라 반복 실시하여, 처음 측정하여 얻은 값과 두 번째 측정하여 얻은 값 간의 상관관계를 산출하는 방식이다. 만약 사용된 측정도구가 신뢰성이 있는 측정도구라면, 첫 번째에서의 측정치와 두 번째에서의 측정치 간에는 높은 상관관계가 존재해야 할 것이다. 만약 상관관계가 낮다면, 사용된 측정도구에는 상당한 무작위적 측정오차가 존재하는 것으로 간주할 수 있다. 검증-재검증 방식의 논리에 기반을 두어, 상관관계를 계산하는 공식은 다음과 같다.

$$r_{XX'} = \frac{\Sigma(X-\overline{X})(X'-\overline{X'})}{\sqrt{\Sigma(X-\overline{X})^2(X'-\overline{X'})^2}}$$

공식 3.1

r은 상관관계 지수이며, X는 첫 번째 실시에서 얻은 결과값이며, X'는 두 번째 실시에서 얻은 결과값이다.

그렇지만 검증-재검증 방식은 시간의 차이를 두어 동일한 대상에게 동일한 측정도구를 사용한다는 점에서 문제가 발생할 수 있다. 예를 들어, 수학 능력을 측정하기 위하여 동일한 수학시험문제를 동일한 대상에게 두 번에 걸쳐서 냈다고 가정하자. 이때 첫 번째 시험과 두 번째 시험 사이의 기간이 너무 짧으면, 첫 번째 측정에서의 기억으로 인한 시험문제에 대한 학습효과가 발생할 수 있다. 이러한 경우, 측정도구의 신뢰성은 과대평가될 수 있다. 반면, 첫 번째 시험과 두 번째 시험 간의 기간이 너무 길 경우, 대상자 자체의 특성에 변화가 나타날 수 있다(예를 들어, 대상자 중 일부가 기억상실증에 걸릴 수 있다). 이러한 경우, 측정도구의 신뢰성은 과소평가될 수 있다. 따라서 검증-재검증 방식은 기억과 학습효과가 비교적 적게 나타나는 환경을 제외하고는 사용되지 않는다.

두 번째 신뢰도 검사 방식은 반분법 방식이다. 반분법 방식이란 동일한 대상에게 유사한 측정도구'들'을 제시하여, 이들 간의 상관관계를 산출하는 방식이다. 즉 반분법 방식은 사용되는 측정도구들이 측정대상을 일관되게 측정한다면, 측정도구들의 결과값 간에 높은 상관관계가 나타날 것이다. 일반적으로 반분법 방식은 동일한 대상에게 유사한 측정도구를 둘로 나누어 측정하고, 이들 간의 상관관계를 분석한다. 예를 들어, 연구자가 수험자의 수학 능력을 측정하고자 한다고 가정하자. 이때 연구자는 유사한 난이도의 수학 문제가 홀수 문제와 짝수 문제로 구분된 시험지를 수험자에게 배부하고, 홀수 문제의 답과 짝수 문제의 답 간의 상관관계를 분석한다. 이때 사용되는 공식 중 하나로서 스피어만-브라운의 예측공식(Spearman-Brown prophecy formula)이 있다(Franfort-Nachmias and Nachmias 2000, pp. 156-157).

$$r_{XX'} = \frac{2r_{oe}}{1+r_{oe}}$$ 공식 3.2

'o'는 홀수 문제를 의미하며, 'e'는 짝수 문제를 의미한다. 따라서 r_{oe}는 홀수 문제 답과 짝수문제 답 간의 상관관계 지수이다.

제3절_변수

변수(variable)란 속성에 대하여 경험적으로 측정된 값이다(Pollock 2005, p. 20). 즉 변수란 이미 존재하는 사물 또는 이미 발생한 현상에 대하여 일정한 절차에 따라 값을 부여한 관측값으로 이해될 수 있다. 이때 일정한 절차란 개념적 정의와 조작적 정의를 의미한다.

변수는 측정된 속성에 대한 이름과 그 속성의 측정치로 구성된다. 예를 들어, 사람의 키를 측정할 경우, 변수는 사람의 키라는 속성에 대한 이름(예를 들어, 키)과 이에 대한 측정치(예를 들어, 165, 170, 180, …)로 구성된다.

변수는 다양한 유형의 측정치를 가질 수 있다. 가령 성별이라는 이름의 변수는 남성과 여성이라는 두 개의 값을 가질 수 있다. 한편, 나이와 같은 변수는 0살부터 100여 살에 이르기까지 다양한 값이 존재할 수 있다. 이와 같이 다양한 값을 가지는 변수는 조작적 정의에 따라 측정의 정밀도에서 차이가 나타날 수 있다. 예를 들어, 나이라는 변수는 '유아', '청년', '노년' 등으로 측정될 수도 있으며, '20세 미만', '20세 이상 30세 미만', '30세 이상 40세 미만', '40세 이상 50세 미만', '50세 이상 60세 미만', '60세 이상'과 같은 형태로도 측정될 수 있다. 또한 현재의 만 나이(19세, 20세, 21세, …)로도 측정될 수 있다. 이와 같이 다양한 형태의 측정치는 측정의 정밀성 정도에 있어 차이가 있다(생각해 보기: 어떤 형태의 측정치가 나이를 가장 정밀하게 측정할까?). 연구자는 측정대상을 가능한 한 세밀하게 구분할 수 있는 정밀한 측정수단을 원한다. 이를 방법론적으로 이야기하면, 연구자는 가능한 한 높은 수준의 척도를 지닌 변수를 요구한다.

척도의 수준은 척도가 지니고 있는 정보의 수준에 따라 다음 네 가지로 구분할 수 있다.

첫 번째 수준의 척도는 측정대상을 단지 대상의 '차이'로서만 구분하는 경우이다. 즉 분석대상 간에는 단지 차이만 존재할 뿐 우열 등의 정보는 포함되어 있지 않다. 따라서 이러한 척도는 측정치들 간에 단지 범주화만 할 수 있다. 예를 들어, 성별(남성/여성), 종교(기독교/불교/천주교/기타 종교) 등이 이에 해당한다. 첫 번째에 해당하는 척도는 명목척도(nominal scale)로 불리며, 가장 낮은 수준의 정밀함을 지닌다.[6]

6) 이러한 수준의 변수는 '명목척도의 변수'라 명명될 수 있다. 그러나 관행적으로 명목척도의 변수는 축약되어 명목변수로 사용되고 있다. 이와 같은 경우는 후술하는 순서척도의 변수, 등간척도의 변수, 비율척도의 변수에도 마찬가지여서, 순서변수, 등간변수, 비율변수로 사용되고 있다. 이 책 또한 이러한 관행에 따라 명목척도의 변수와 명목변수를 혼용하여 사용하고자 한다. 순서변수, 등간변수, 비율변수의 경우도 마찬가지이다.

두 번째 수준의 척도는 측정대상의 차이뿐만 아니라, 이들 간의 '상대적 차이' 또는 '서열'을 정할 수 있다. 예를 들어, 국회의원 의정 활동 만족도(매우 만족/다소 만족/별로 만족하지 않음/전혀 만족하지 않음), 언론매체 신뢰도(매우 신뢰/다소 신뢰/보통/다소 불신/매우 불신) 등이 이에 해당한다. 이 척도는 순서척도(ordinal scale)로 칭해지며, 측정치들 간에 서열에 대한 정보가 포함되어 있어서 명목척도보다는 대상에 대한 측정의 정밀도가 높다. 그렇지만 순서척도는 측정대상 간의 상대적 차이만을 나타낼 뿐이지, 그 차이가 어느 정도인지 정확하게 알 수 없다. 예를 들어, 국회의원 의정 활동에 대하여 매우 만족한 응답자와 다소 만족한 응답자 간에 있어, 만족의 상대적 차이만을 알 뿐이지 그 차이가 어느 정도인지는 정확하게 알 수 없다.

차이의 정확한 계산은 세 번째 수준의 척도인 등간척도(interval scale)에서 가능하다. 등간척도는 실질적 의미를 지닌 단위에 기준하여 대상 간의 '정확한 차이'를 계산하여 이들을 구분할 수 있다. 예를 들어, 사람 키라는 변수는 1cm라는 실질적 의미를 지닌 측정단위에 기준하여, 측정대상 간의 키 차이를 정확하게 구분하게 해 준다. 즉 등간척도는 응답자 A의 키(100cm)와 응답자 B의 나이(200cm) 간에 두 배의 차이가 있다는 계산이 가능하게 해 준다. 등간척도의 이러한 속성을 이유로 사칙연산이 가능한지 여부에 따라 등간척도와 순서척도/명목척도를 구분하고 있다.

끝으로 네 번째 수준의 척도는 비율척도(ratio scale)이다. 비율척도는 등간척도에 절댓값 0에 대한 정보가 추가된 척도이다. 예를 들어, 나이는 1년이라는 측정단위를 기준으로 측정대상 간의 차이를 정확하게 계산하게 해 준다. 이와 더불어 절댓값 0(즉 존재하지 않을 때)에 대한 정보가 추가됨으로써 '존재하지 않았을 때부터' 얼마나 오래 살았는지를 알게 해 준다. 따라서 비율척도는 측정단위에 기준하여 측정대상 간의 정확한 차이를 구분할 수 있게 할 뿐만 아니라 특정 기준으로부터의 의미 있는 거리를 계산하게 해 준다. 따라서 비율척도는 앞서 언급한 세 가지 수준의 척도보다 더욱 많은 정보를 지니고 있다.[7)]

높은 수준의 척도는 낮은 수준으로 이동할 수 있는 반면에, 낮은 수준의 척도는 높은 수준으로 이동할 수 없다. 가령 비율척도인 나이는 20대, 30대, 40대 이상의 순서척도 등으로 이동할 수 있으나, 성별은 순서척도 또는 등간척도로 이동할 수 없다. 따라서 개념은 가능한 한 높은 수준의 척도로 측정하는 것이 연구의 편의성을 높일 수 있다.

---

7) 이 외에도 다양한 형태로서 척도의 수준에 대해 논의할 수 있다. 예를 들어, 척도를 두 개의 값 사이에 다른 값이 올 수 있는 척도와 그렇지 않은 척도를 나누어서, 전자를 연속척도(continuos scale)로, 후자를 이산척도(discrete scale)로 구분하기도 한다(전자의 예로서 시간, 후자의 예로서 사망자 수 등을 들 수 있다). 또한 범주만을 구분할 수 있는 척도와 그 이외의 척도로 나누어서, 전자를 정성적 척도(categorical scale)로, 그리고 후자를 정량적 척도(quantitative scale)로 구분하기도 한다.

Stata로 따라 해 보기

* 이 책에 첨부된 “제19대 국회의원선거 유권자 조사”(19NA.dta) 데이터를 사용하여, 변수의 수준을 파악해 보자. 먼저 파일을 불러오는 단계부터 시작해 보자.

- 파일 읽기: Command 창에 “use c:\polimeth\19NA.dta”를 친 후, Enter 키를 치면 19NA.dta 파일이 불려오게 된다. 이때 “use”는 파일을 불러오는 Stata 명령어이고, “c:\polimeth”는 데이터가 존재하는 디렉터리이며, “19NA.dta”는 불러오고자 하는 데이터의 파일 이름이다. 만약 Stata 메모리에 다른 데이터가 존재할 경우 “clear” 옵션을 쉼표(,)와 함께 제일 마지막에 넣으면 된다. 즉 다른 데이터가 메모리상에 존재할 경우, “use c:\polimeth\19NA.dta, clear”으로 하면 된다. 다른 방법으로는 메뉴 상에서 File 〉 Open을 클릭하여, 19NA.dta가 있는 디렉터리(이 책의 경우 c:\polimeth)에 접근하여, 19NA.dta를 클릭하여 “열기” 버튼을 누를 수도 있다.

```
use c:\polimeth\19NA.dta, clear
```

- 데이터 설명: 19NA.dta에 있는 변수를 살펴보기 위해서는 “describe” 명령어를 사용할 수 있다. Command 창에 “describe”를 친 후, Enter 키를 치면 결과값이 결과 창에 제시된다. 결과 창에 제시되어 있듯이, “describe” 명령어는 관측값의 개수(1,000개), 변수의 수(232개) 등과 함께, 각 변수의 이름(variable name), 변수가 저장된 형태(storage type), 측정치 레이블(value lable)[8], 변수 레이블(variabl lable) 등을 제시한다.

- 변수 설명: 변수 하나에 대한 자세한 내용을 원할 경우, "codebook" 명령어를 사용할 수 있다. 예를 들어, pq1 변수에 대한 자세한 내용을 원할 경우 "codebook pq1"를 Command 창에 친 후, Enter 키를 누르면 된다. 결과 창에 제시되어 있듯이[8], "codebook pq1"은 해당 변수의 이름(pq1), 변수를 설명하는 것에 해당하는 변수 레이블(거주지역), 해당 변수의 유형(숫자를 의미하는 numeric), 측정치 각각에 대한 의미를 설명하는 측정치 레이블(pq1), 측정치 레이블(pq1)의 예(1은 서울, 5는 광주, 8은 경기, 11은 충남), 결측값(1,000개의 관측값 중 0개) 등이 표시되어 있다.

```
. codebook pq1

pq1                                                              거주지역

                  type:  numeric (byte)
                 label:  pq1

                 range:  [1,15]                     units:  1
         unique values:  15                     missing .:  0/1000

              examples:  1     서울
                         5     광주
                         8     경기
                         11    충남
.
```

- 요약치: 변수가 숫자로 구성되어 있는 경우, "summarize" 명령어를 사용하여 간단한 요약치를 출력할 수 있다. 메모리에 있는 19NA.dta의 변수 232개 중 성별 변수인 pq3, 나이 변수인 pq4의 요약치는 다음과 같다.

```
. summarize pq3 pq4

    Variable |       Obs        Mean    Std. Dev.       Min        Max
-------------+--------------------------------------------------------
         pq3 |      1000       1.504    .5002342          1          2
         pq4 |      1000      44.153    15.29711         19         90
```

8) 측정치 레이블이란 숫자인 측정치에 글자를 덮은 것을 의미한다.

| 제4장 | 데이터 수집방법

정치학도를 비롯한 사회과학도의 소명은 사회문제를 발견하고, 이를 이해하며, 이의 해결을 위한 대안을 마련하는 데 있다. 특히, 양적 접근방법은 사회문제의 파악과 해결에 주목하고 있다. 이러한 소명을 위하여, 현재까지 이 책은 바람직한 연구주제 설정 방법, 좋은 이론과 가설 제시 방법, 그리고 바람직한 개념의 측정과 변수에 대하여 논의하였다. 이어서는 이론의 경험적 검증을 위한 데이터 수집방법을 논의하고자 한다.

제1절_실험방법

1. 실험방법의 논리

정치학자의 목적은 정치적 문제에 대한 원인을 파악하고, 이에 근거하여 해결책을 제시하는 데 있다. 이를 위하여, 과학적 접근방법의 입장에서 바람직한 이론과 가설을 구축하기 위한 방법들을 앞서 논의하였다. 그렇지만 아무리 설득력 있는 이론과 가설이 제시되었다 할지라도, 경험적인 관계의 양상은 다양할 수 있다. 가령 가설에서는 A 변수가 B 변수에 영향을 미치는 것으로 제시되었다 할지라도, 경험적으로는 B 변수가 A 변수의 원인일 수도 있고, A 변수와 B 변수가 같이 상호 영향을 미치는 경우(동시성)일 수도 있으며, A 변수와 B 변수 모두가 제3변수인 Z 변수의 결과(허위관계)일 수도 있다. 물론 A 변수와 B 변수는 서로 관계가 없는 변수일 수도 있다. 따라서 경험적 검증은 동시성과 허위관계를 배제하면서, 가설에서 제시된 관계가 현실적으로도 그러한지를 검증하는 데 목적을 두어야 한다. 실험방법은 이러한 목적에 가장 충실한 데이터 수집방식이다.

실험방법(experimental design)은 실험대상에 영향을 미치는 외부변수를 통제한 상태에서 주요 독립변수만을 조작하고, 이에 따른 종속변수의 변화를 관찰하여 자료를 모집하는 방법이다. 이때 실험대상은 개체일 수도 있으며, 개체로 이루어진 집단일 수도 있다. 일반적으로 정치학 분야에서는 집단에 대한 실험을 통하여, 독립변수가 종속변수에 미치는 효과를 파악한다.[9)]

실험방법의 특징은 실험자가 실험대상을 원하는 집단에 배정할 수 있으며, 독립변수를 조작할 수 있다는 것이다. 즉 실험자는 실험하고자 하는 집단(test group)과 비교기준이 되는 통제집단(control group)으로 실험대상자를 무작위로 배정하여 집단 간의 동질성을 확보한다.[10)] 이후 실험자는 실험집단에 독립변수를 노출시키고, 통제집단에는 독립변수를 노출시키지 않음으로써, 이들 집단 간에 나타나는 종속변수의 차이를 파악하는 방식을 취한다. 만약 이들 집단 간에

---

9) 단일대상에 대한 실험방법은 이소현·박은혜·김영태(2000)를 참고.

10) 무작위 배정(random assignment)이란 실험대상자가 실험집단과 통제집단에 포함될 확률이 알려지는 방식(일반적으로는 포함될 확률이 같음)을 의미한다. 그렇지만 무작위 배정이 집단 간의 동질성을 확보할 수 있는지에 대해서는 이견(異見)이 있다. 이에 관한 구체적 논의는 Imai, King and Stuart(2008) 참고.

종속변수의 차이가 나타난다면, 이러한 차이는 독립변수에서 비롯된 것으로 추정한다.

실험방법은 일반적으로 사전조사→독립변수 조작→사후조사의 세 단계로 진행된다. 사전조사 단계는 독립변수 조작에 앞서 실험집단과 통제집단에 대한 종속변수를 측정하는 단계이다. 두 번째 단계인 독립변수 조작 단계는 각 집단에 상이한 독립변수의 값을 부여하는 단계이다. 일반적으로 실험집단에는 독립변수를 노출시키는 반면, 통제집단에는 독립변수를 노출시키지 않는다. 이후, 마지막 단계인 사후조사 단계는 각 그룹에 대하여 종속변수를 다시 측정하는 단계이다.

예를 들어, 아이언거와 킨더(Iyengar and Kinder 1987)는 언론의 의제 설정 효과(agenda setting power)를 측정하기 위하여 실험방법을 이용하였다. 먼저 그들은 실험대상자를 실험집단과 통제집단으로 나눈 후, 실험대상자 모두에게 국가적인 차원에서 가장 중요한 문제 8가지를 우선순위에 따라 나열케 했다(사전조사 단계). 이후, 통제집단에는 일반 뉴스를 보여 준 반면, 실험집단에는 특정 이슈가 주요한 국가문제로 부각된 뉴스를 보여 주었다(독립변수 조작 단계). 즉 독립변수인 뉴스의 내용이 실험집단과 통제집단에 따라 조작되었다. 이후, 각 집단은 6일 후에 다시 소집되어, 주요 국가문제 8개를 우선순위에 따라 재작성토록 요구받았다(사후조사 단계). 실험에 따른 연구 결과, 특정 이슈가 부각된 뉴스를 시청한 실험집단이 그러한 뉴스를 보지 않은 통제집단에 비하여, 부각된 특정 이슈를 보다 우선시한다는 점을 발견함으로써 이들은 언론의 의제 설정 효과를 검증하였다.

이와 같이 실험방법은 실험대상자에 대한 무작위적 배정을 통하여 집단 간 동질성을 확보한 후, 독립변수가 주어진 실험집단과 독립변수가 주어지지 않은 통제집단 간의 결과상의 차이를 확인함으로써 독립변수의 인과적 효과를 정확히 파악하는 방법이다.

2. 실험방법의 유형

일반적으로 실험방법은 사전조사→독립변수 조작→사후조사의 3단계를 거쳐 진행된다. 그렇지만 실험에 드는 비용 및 시간, 그리고 독립변수의 지연효과(lagged effect) 등을 이유로 다양한 디자인이 존재한다. 실험방법의 디자인은 크게 양자그룹 디자인(two group design)과 다자그룹 디자인(multi-group design)으로 구분된다. 양자그룹 디자인은 한 개의 실험집단과 한 개의 통제집단 간의 비교이며, 다자그룹 디자인은 다양한 그룹 간의 비교이다. 또한 양자그룹과 다자그룹 디자인은 종속변수에 대한 측정이 사전 · 사후 모두에 있었는지, 아니면 사후에만 있었는지에 따라 구분된다. 끝으로 다자그룹 디자인의 경우, 여러 번에 걸친 사전조사와 사후조사가 이루어지는 경우도 있다. 이와 같은 디자인을 정리하면, 〈표 4.1〉과 같다.

〈표 4.1〉 실험방법의 디자인

	양자그룹 디자인	다자그룹 디자인
사전 · 사후 조사	O_{11} X_1 O_{12} O_{21} O_{22} 또는 O_{11} X_1 O_{12} O_{21} X_2 O_{22}	O_{11} X_1 O_{12} O_{21} X_2 O_{22} O_{31} X_3 O_{32}
사후 조사	X_1 O_{12} O_{22} 또는 X_1 O_{12} X_2 O_{22}	X_1 O_{12} X_2 O_{22} X_3 O_{32}
다중 사전 · 사후 조사		O_{11} O_{12} O_{13} X_1 O_{14} O_{15} O_{16} O_{21} O_{22} O_{23} X_2 O_{24} O_{25} O_{26} O_{31} O_{32} O_{33} X_3 O_{34} O_{35} O_{36}

주: O는 종속변수에 대한 측정을 의미하며, O 아래첨자 첫 번째 숫자는 집단의 숫자이고, 두 번째 숫자는 조사 순서를 의미한다. X는 독립변수를 의미하며, X 아래첨자 숫자는 주어진 독립변수의 값을 의미한다.

〈표 4.1〉에 제시된 바와 같이, 양자그룹 디자인과 다자그룹 디자인 간에는 유사한 측면이 있다. 즉 양자그룹 디자인 중 사전 · 사후 조사를 확대한 것이 다자그룹 디자인 중 사전 · 사후 조사이며, 양자그룹 디자인 중 사후조사를 확대한 것이 다자그룹 디자인 중 사후조사이기 때문이다. 다만, 다자그룹 디자인에서 종속변수에 여러 번의 측정이 있는 다중 사전 · 사후 조사가 있다. 이는 양자그룹/사전 · 사후 조사의 극대화된 형태로 간주할 수 있다.

실험방법에 있어서 독립변수의 효과는 그룹 간 비교를 통하여 계산될 수 있다. 예를 들어, 양자그룹 사전 · 사후 조사 디자인에서 독립변수 X_1의 효과는 $[(O_{12} - O_{11}) - (O_{22} - O_{21})]$이며, 양자그룹 사후조사 디자인에서 독립변수 X_1의 효과는 $(O_{12} - O_{22})$이다.

3. 실험방법의 장점과 단점

가설을 검증하는 가장 이상적인 방식은 내적 타당도를 확보하고 외적 타당도를 높이는 방식이다. 내적 타당도(internal validity)란 측정하고자 하는 인과관계의 크기가 바르게 측정된 정도를 의미한다. 외적 타당도(external validity)란 파악된 인과관계의 효과를 일반 환경에서 적용시킬 수 있는 정도를 의미한다. 실험방법은 인위적으로 외부의 영향력을 차단하고 독립변수가 종속변수에 미치는 영향력만을 측정할 수 있도록 구성되어 있어서 높은 내적 타당도를 지니고 있는 방법으로 간주되고 있다(Frankfort-Nachmias and Nachmias 2000; Pollock 2005). 그렇지만 실험실에서 얻어진 결과가 인위적이지 않은 환경, 즉 실험실 밖에 있는 일반 환경에서 그대로 적용될 수 있는지에 대해서는 의문이 제기된다(생각해 보기: 여러분은 앞의 아이언거와 킨더의 예에서처럼 TV 뉴스를 교실에서 선생님 앞에서 시청하시나요?). 따라서 후술하는 준실험방법과 비실험방법은 연구목적이 다소 내적 타당도의 손실을 예상할지라도(즉 독립변수의 효과가 다소 왜곡될지라도), 외적 타당도를 높여야 할 경우(즉 연구결과의 적용 가능성을 높이고자 할 경우) 사용되는 방법이다.

물론 실험방법의 내적 타당도에 위협이 되는 요소가 몇 가지 있다. 첫 번째는 역사적 요인이다. 실험방법은 실험대상이 독립변수에 노출된 후 사후조사에 이르기까지 일정한 시간을 요구한다. 따라서 실험대상이 독립변수에 노출된 후 사후조사가 실행되기 전에 다른 요인에 노출된다면, 독립변수의 효과가 왜곡될 수 있다. 이와 같은 경우, 실험의 내적 타당성은 역사적 요인에 의하여 훼손될 수 있다. 두 번째는 실험대상자의 이탈로 발생할 수 있는 위협이다. 예를 들어, 질병 치료를 위하여 새로운 약에 대한 임상실험을 한다고 가정하자. 그렇지만 신약의 효과와는 별도로 다수의 실험대상이 특정 그룹에서만 이탈된다면, 신약이 질병에 미치는 효과가 왜곡될 가능성이 커진다. 실험방법의 내적 타당드가 위협받는 가장 심각한 요인은 실험실 환경 요인이다. 셋째, 실험에 참가하는 실험대상은 실험이 의도하는 바를 추정하여, 이에 반응하고자 하는 심리가 있기 때문이다. 따라서 독립변수에 대한 실험대상의 반응이 독립변수에 의한 반응이 아니라 실험을 왜곡시키고자 하는 실험대상의 심리에 의한 것이라면, 실험방법을 통하여 획득한 결과는 심각하게 왜곡될 수 있다.

실험방법의 가장 큰 문제점은 낮은 외적 타당도에 있다. 실험방법의 낮은 외적 타당도는 다양한 측면에서 비롯된다. 첫째, 내적 타당도에서 지적된 바와 같이 낮은 외적 타당도의 가장 큰 요인은 실험실 환경 요인이다. 소위 호손효과(Hawthorne effect)로 불리듯이, 인간은 자신이 관찰의 대상이 될 경우 평상시와 다르게 행동하는 경향이 있다. 따라서 종속변수의 변화가 독립변수에 의한 것이 아닌 실험실 환경으로 인한 것일 경우, 실험실에서 얻은 결과를 실험실이 아닌 일반 환경에 적용하기에는 어렵다. 두 번째 요인은 실험에 참가하는 대상자로부터 비롯되는 요인이다. 일반적으로 실험에 참가하는 실험대상자는 일반인과 다른 속성을 지닐 가능성이 크다. 예를 들어, 신약 실험에 참가하는 사람은 참가하지 않은 사람에 비하여 삶에 대한 의지에서 차이가 있을 수 있다. 따라서 의지가 강한 사람을 대상으로 한 신약의 효과가 그렇지 않은 사람을 대상으로 할 경우, 그 효과에 차이가 있을 수 있다. 그렇지만 정치학 분야에서 실험대상자 요인이 보다 큰 문제점으로 부각되는 이유는 실험대상자 대부분이 대학생이기 때문이다. 실험방법은 많은 비용과 시간이 소요되기 때문에 비교적 동원하기 쉬운 대학생을 실험대상자로 삼고 있다. 따라서 대학생을 대상으로 한 실험 결과가 일반인에까지 적용될 수 있는지는 의문점으로 지적될 수 있다.[11)]

제2절_준실험방법

실험방법은 높은 내적 타당도에도 불구하고, 낮은 외적 타당도로 인하여 연구 결과를 적용하는 데 한계가 있다. 더욱이 많은 정치적 문제는 연구자의 임의대로 실험대상을 배정할 수 없으며, 독립변수를 조작할 수도 없다. 이와 같은 한계로 말미암아, 준(準)실험방법(quasi-experimental design)과 비(非)실험방법(non-experimental design)이 정치학 연구에 있어서 많이 사용되고 있다.

준실험방법이란 실험방법에 준(準)하는 방법으로서 연구자가 실험대상의 집

11) 실험방법의 외적 타당도 문제점을 극복하고자, 실험방법과 비실험방법이 병행되어 진행되고 있다(Gerber and Green 2000).

단 배정권을 포함한 외부변수 통제권을 가지지는 못하지만, 주요 독립변수의 조작은 가능한 형태의 데이터 수집방법이다. 따라서 실험방법과 준실험방법의 유사점은 독립변수의 조작 권한이 연구자에게 있다는 데 있다. 실험방법에서와 같이, 준실험방법에서도 연구자는 연구자의 의도에 따라 어떤 대상에게는 독립변수를 노출시키고, 다른 대상에게는 독립변수를 노출시키지 않을 수 있다.

그렇지만 실험방법과 달리 준실험방법에서는 연구자가 실험대상을 원하는 그룹에 배정시킬 수 없고, 실험대상 스스로가 자신이 원하는 그룹을 선택한다. 이와 같이 실험대상 스스로가 그룹을 선택함으로써 그룹 간 이질성(異質性)이라는 선택적 편향성(selection bias)이 발생될 가능성이 커지게 된다. 따라서 그룹 간 동질성을 확보함으로써 종속변수에서의 변화가 독립변수로부터 비롯된 것이라는 주장이 준실험방법에서 제한될 수밖에 없다. 그러나 실험연구와 같이, 연구자가 실험대상에 대한 독립변수 노출 여부를 결정함으로써 제3변수에 의하여 분석된 인과관계가 허위관계로 밝혀질 가능성이 비실험방법보다는 낮다.

준실험방법의 예는 폴락과 윌슨(Pollock and Wilson 2002)의 연구에서 찾아볼 수 있다. 폴락과 윌슨은 전통적인 교실 강의와 인터넷 병행 강의 중 어떠한 방식이 학생들의 학습 능력을 높이는 데 효율적인지를 검증하고자 했다. 전통적인 교실 강의는 대학교에서 일반적으로 행해지는 강의 방식으로서 주 2회 교실에 출석하여 교수님의 강의를 수강하는 방식이다. 인터넷 병행 강의란 주 1회는 인터넷으로 강의를 수강하고, 주 1회는 교실에서 전통적인 교실 강의를 병행하는 방식이다. 연구자는 실험대상인 학생들을 어떠한 강의에 수강토록 강제할 수 없지만, 교실 강의와 인터넷 병행 강의라는 독립변수를 선택적으로 학생들에게 노출시킬 수 있었다.

연구자는 〈표 4.2〉와 같은 방식으로 강의 방식의 효과를 측정하였다. 일견하기에도 준실험방법의 유형은 실험방법과 유사한 방식이다. 다만, 각 그룹에 소속되는 구성원을 연구자의 의도에 따라 배정할 수 없을 뿐이다. 학생들은 자신이 원하는 강의 유형(전통적 교실 강의 대 인터넷 병행 강의)을 수강하고, 같은 강사와 교재를 통하여 과목을 이수한다. 학기 초에 각 그룹의 학생들은 정치학에 대한 기본 개념과 지식에 대한 시험을 치렀고, 학기가 마무리될 즈음에 같은 유형의 시험을 다시 치렀다. 폴락과 윌슨의 연구 결과는 전통적인 교실 강의가 인터넷 병행 강의보다 학습 능력 배양에 보다 효율적이라고 나타났다.

〈표 4.2〉 전통적 교실 강의 대 인터넷 병행 강의

사전 조사	독립변수 노출	사후 조사
정치학 기본 개념과 정치적 지식에 대한 시험	실험집단: 인터넷 병행 강의 통제집단: 전통적 교실 강의	정치학 기본 개념과 정치적 지식에 대한 시험

그렇지만 폴락과 윌슨의 연구는 선택적 편향성(selection bias)으로 인한 허위관계임이 밝혀졌다.[12] 즉 전통적인 교실 강의를 선택한 학생들과 인터넷 병행 강의를 선택한 학생들은 여러 가지 측면에서 다른 학생들이었다. 전통적인 교실 강의를 선택한 학생들은 고학년이었으며 정치학 전공자였고, 정치에 대한 관심이 인터넷 병행 강의를 선택한 이들보다 높았던 것이다. 따라서 전통적인 교실 강의 수강자들은 처음부터 인터넷 병행 강의 수강자들보다 학습 능력이 높을 여러 가지 요소를 지니고 있었으며, 이로 인하여 전통적 교실 강의의 효과가 약화될 가능성이 컸던 것이었다.

이와 같은 준실험방법의 선택적 편향성을 해결할 수 있는 방법 중 하나로서

12) 따라서 선택적 편향성으로 인한 허위관계의 가능성은 통계 모델 상의 누락변수 편향(omitted variable bias)으로 간주될 수 있다.

매칭 기법(matching technique)이 있다(Ho, Imai, King and Stuart 2007). 매칭 기법이란 허위관계를 일으킬 제3변수를 찾아, 이러한 제3변수가 유사한 실험대상 간에 쌍을 짓고, 매칭된 쌍 내에서 발생하는 종속변수 값의 변화를 독립변수에서 찾는 방식이다. 강의 방식 예의 경우, 실험집단과 통제집단 각각에 있어서 유사한 학년, 전공, 그리고 정치적 관심도를 지닌 학생들을 찾아, 이들을 하나의 쌍으로 한다. 이후 각 쌍에서 나타난 종속변수 값의 차이는 독립변수인 강의 유형의 차이에서 비롯된 것으로 간주하는 것이다. 〈표 4.2〉의 연구를 매칭 기법을 통하여 재분석한 결과, 인터넷 병행 강의가 전통적인 교실 강의보다 효율적인 것으로 나타났다.

제3절_비실험방법

비(非)실험방법은 연구자에 의하여 외부변수에 대한 통제와 독립변수에 대한 조작이 가해지지 않은 상태에서 자료를 수집하는 방법이다. 즉 비실험방법은 인위적이지 않고 자연적인 상황에서 자료를 수집하는 방법이다.

비실험방법은 정치학 연구에서 가장 잘 알려진 데이터 수집방법이다. 왜냐하면 대부분의 정치현상은 이미 발생한 현상이고, 연구 대상자의 속성을 연구자가 바꾸기 어렵기 때문이다. 가령 연구자가 국회의원 선거에서 유권자의 연령과 투표참여 간의 관계를 분석하고자 한다면, 유권자의 연령과 유권자의 투표 여부는 연구 시점에서 볼 때 이미 발생한 상황이다. 또한 연령과 투표참여 변수를 제외한 나머지 속성을 유사하게 만들기 위하여, 연구자가 연구대상의 고향이나 거주지를 옮길 수는 없기 때문이다. 따라서 정치학자가 관심을 가지는 대부분의 현상은 독립변수를 임의대로 조작하거나 소속집단을 변경할 수 없는 사항이고, 이에 따라 비실험방법이 정치학 연구에서 주로 사용되는 데이터 수집방법이다.

연구자가 연구대상자를 배정하거나 독립변수를 조작하지 못하는 점은 비실험방법의 근본적인 제약점으로 작용하고 있다. 예를 들어, 연구자는 연구대상자의 소속집단을 임의대로 배정할 수 없기 때문에 집단 간 동질성 확보나 제3변수의 존재 가능성을 피하기 어렵다. 따라서 파악된 관계가 허위관계일 가능성은 언제나 존재하게 된다. 또한 연구자가 독립변수를 임의대로 조작할 수 없기 때문에, 이미 발생한 독립변수와 이미 발생한 종속변수 간의 관계를 파악하게 되고, 이에 따라 새로운 독립변수의 효과를 측정하는 데 한계가 있다.

그렇지만 이와 같은 제약에도 불구하고 비실험방법은 실험실이 아닌 자연적 환경에서 발생한 현상 간의 관계를 파악하는 방법으로서 연구결과의 외적 타당도가 높은 방법으로 간주되고 있다. 비실험방법의 구체적 유형으로서 설문지에 기반한 여론조사, 문서의 내용을 분석하는 내용분석 방법, 다른 기관에서 생성한 자료를 이용하는 2차자료 방법(예를 들어, 통계청에서 생성한 인구통계자료) 등이 있다.

비실험방법은 수집되는 대상이 공간적으로 수집되는지, 시간적으로 수집되는지, 또는 같은 대상을 반복적으로 수집하는지의 여부에 따라 다양한 디자인을 보이고 있다. 비실험방법 중 가장 광범위하게 쓰이는 디자인은 횡단면 디자인(cross-sectional design)이다. 횡단면 디자인은 동일한 시간대(예를 들어, 같은 연도)에 다양한 분석대상에 대한 정보를 수집하는 방법으로서 분석대상이 지니고 있는 속성 간의 차이에 주목한다. 가령 언론을 통하여 접하는 대부분의 대통령선거 여론조사는 특정한 기간 내에 유권자를 조사한 자료로서 횡단면 디자인에 해당된다. 시계열적 디자인(time-series design)은 횡단면 디자인과 반대의 유형으로서 동일한 분석대상을 여러 시간에 걸쳐 정보를 수집한다. 예를 들어, 한국의 경제지표 자료를 여러 연도에 걸쳐 수집하는 방법은 시계열적 디자인에 해당한다. 시계열적 디자인은 시간에 따른 분석대상의 변화에 주목한다. 끝으로 시계열-횡단면 디자인(time-series cross-sectional design)은 다양한 분석대상을 여러 시간에 걸쳐 정보를 수집하는 방법이다. 예를 들어, OECD 국가 각각에 대하여 1950년부터 2012년까지의 경제지표 자료를 수집하는 경우가 이에 해당한다. 만약 시계열-횡단면 디자인이 개인에 적용될 경우, 패널 디자인(panel design)으로 불린다.

지금까지 데이터 수집방법에 대하여 논의하였고, 이의 구체적 유형들을 살펴보았다. 각각의 데이터 수집방법들은 각각의 장점과 단점을 가지고 있다. 따라서 데이터 수집방법의 선택은 연구주제의 목적이 무엇인지에 따라 달라진다. 단약 연구주제의 목적이 독립변수의 정확한 영향력 크기를 파악하는 데 있다면, 실험방법이 적절한 데이터 수집방법이 될 것이다. 반면, 연구주제의 목적이 연구결과의 일반화에 있다면, 비실험방법이 보다 적절한 방법이 될 것이다. 따라서 어떤 데이터 수집방법을 선택할지는 연구주제의 목적에 따라 달라진다고 할 수 있다. 현재까지의 논의는 〈표 4.3〉과 같이 정리될 수 있다.

〈표 4.3〉 데이터 수집방법

	실험방법	준실험방법	비실험방법
방법	실험실 실험	현장 실험	여론조사, 내용 분석, 2차 자료 분석
장점	높은 내적 타당도: 인과관계의 효과가 명확함.	-	높은 외적 타당도: 연구결과의 일반성 높음.
단점	낮은 외적 타당도: 연구결과의 일반성 낮음.	-	낮은 내적 타당도: 인과관계의 효과가 불명확함.

| 제5장 | 표본추출과 모집단으로의 유추

연구주제의 목적에 따라 데이터 수집방법이 결정되고 나면, 이어지는 질문은 얼마나 많은 자료를 획득해야 하는가 하는 것이다. 또한 획득한 자료가 모집단의 일부분인 표본이라면, 표본으로부터 얻은 결과가 모집단에서 획득한 결과와 어느 정도 유사할지를 알아야 한다. 이 장에서는 표본의 추출과 이를 통한 모집단으로의 유추에 대한 논의를 전개하고자 한다.

제1절_모집단과 표본추출

모집단(population)이란 분석하고자 하는 대상의 전체 집단을 의미한다. 만약 연구자가 국회의원 선거에서 후보자의 정치자금을 분석하고자 한다면, 모집단은 해당 선거에 임한 모든 후보자의 정치자금이 될 것이다. 만약 연구자가 한국 대통령 선거에서 유권자의 투표참여를 분석하고자 한다면, 모집단은 한국 유권자 전체가 될 것이다.

모집단을 설정하는 것은 연구결과에 대한 해석에 제한을 설정하는 것으로 이해될 수 있다. 만약 모집단이 국회의원 선거 후보자 후원회라면, 이러한 모집단에서 파악된 분석 결과를 지방의원 선거 후보자 후원회 또는 대통령 선거 후보자 후원회에 대한 해석으로 확대할 수 없다. 같은 맥락에서 대통령 선거에 대한 유권자의 투표 행태 분석은 대통령 선거에서 대한 해석으로 제한되어야지, 이를 국회의원 선거 또는 지방선거에서의 유권자 행태로 확대해석하는 것은 해석의 지나친 확장, 즉 과잉일반화의 오류로 이어질 수 있다. 따라서 모집단의 설정은 이론과 가설이 해석될 영역을 확정 짓는 것을 의미하며, 이러한 맥락에서 해석의 지나친 확장에 대한 제약적 기능을 담당하기도 한다.

정치학 연구의 주요 목적은 모집단 모수를 파악하는 데 있다. 모집단 모수(population parameter)는 모집단 분포를 대표하는 속성들의 값으로서 대푯값, 분포값, 또는 인과관계의 크기 등을 의미한다. 가령 연구자가 국회의원 후보자 후원회의 정치자금 모금액에 관심이 있다면, 전형적인 정치자금 모금 액수는 얼마이며(대푯값), 정치자금 모금액이 널리 흩어져 있는지 아니면 조밀하게 고여 있는지가 관심의 대상이 된다(분포값). 만약 연구자가 의회 다수당 여부에 따른 후보자의 정치자금 모금 액수에 관심이 있다면, 이들 변수의 인과관계에 대한 크기가 주목되는 모수가 된다(Cox and Magar 1999). 따라서 연구자는 가능한 모집단에 근사한 집단을 대상으로 자료를 획득한 후, 이를 기반으로 모집단의 모수를 추정하고자 노력한다.

그러나 대부분의 정치학 연구대상은 모집단에 대한 접근이 현실적으로 어렵거나 불가능하다. 가령 연구자가 대통령 선거 후보자에 대한 유권자 선호도를 조사하고자 할 경우, 한국 유권자 전체를 특정 기간 내에 조사하는 데에는 비용적인 측면과 시간적인 측면에서 어려움이 크다. 또한 연구자가 불법이민자의 어려움을 조사하고자 할 경우, 신분이 불안정한 불법이민자 전체에 대한 전수조사를 하는 것이 사실상 불가능하다. 이와 같이 정치학자가 처한 환경은 모집단에 대한 분석보다는 표본에 대한 분석이 보다 현실적인 경우가 대부분이다. 따라서 정치학자는 표본에서 얻은 결과를 토대로 모집단 모수를 추정하는 '유추(inference)'에 보다 더 주목하게 된다.[13)]

유추의 첫 번째 과제는 모집단을 대표할 수 있는 표본을 추출하는 방법에 관한 것이다. 즉 어떠한 표본추출 방법에 근거할 때, 표본으로부터 얻은 표본통계치(sample statistics)가 모집단 모수에 대한 대표성 있는 추정치가 될 수 있을까 하는 점이다.

표본을 추출하는 방법은 크게 확률적 표본추출 방법과 비확률적 표본추출 방법으로 구분된다. 확률적 표본추출 방법(probability sampling method)은 모집단의 구성원 각각이 표본에 포함될 확률이 사전에 '알려져' 있는 경우를 의미하며, 비확률적 표본추출 방법(nonprobability sampling method)은 모집단의 특정한 구성원이 표본에 포함될 확률이 사전에 알려지지 않은 경우를 의미한다(Rea and Parker 1997).

가령 연구주제가 A 대학교 학부 재학생을 대상으로 학교 본부에 대한 만족도 조사라고 하자. 만약 연구자가 '전체 재학생 명단'을 확보하고 있어 그 명단을 기준으로 특정 명수의 재학생을 표본에 포함시키고자 할 경우, 재학생 각각이 표본에 포함될 확률은 $\frac{\text{특정 명수}}{\text{전체 재학생 수}}$로서 표본에 추출되기 전에 이미 알려져 있다.

그렇지만 연구자가 비용과 시간 등의 제약으로 인하여 '아침 9시에 도서관

13) 혹자는 연구자가 모집단 전체에 대한 자료를 획득했다 할지라도 이 자료를 '모집단'에 대한 자료로 보기 어렵다고 주장한다(King 1998). 왜냐하면 획득한 모집단에 대한 자료는 전체로서의 '모집단'이기보다는 그 시점에서 조사된 하나의 모집단이기 때문이다. 만약 다른 시점에서 같은 모집단을 다시 조사할 경우, 그 전의 모집단에 근거한 발견과는 다른 현상이 발견되기 때문이다. 따라서 이들에 의하면 모집단에 대한 조사는 근본적으로 실행되기 어려우며, 연구자는 단지 표본에 대한 조사만이 가능할 뿐이라는 입장을 가지고 있다.

정문 앞에서'만 설문조사를 할 수 있는 경우, 특정 학생이 설문대상자가 될 확률은 사전에 알려져 있지 않다. 즉 특정 학생이 표본에 포함될 확률은 해당 시간에 도서관에 가는 경우와 가지 않는 경우에 따라 달라지며, 그 학생이 도서관에 갈 확률은 연구자에게 사전에 알려져 있지 않기 때문이다. 나아가 이러한 방식은 특정 집단의 학생이 표본에 포함될 가능성을 원천적으로 배제하기 때문에(가령 도서관에 가지 않는 학생들), 표본이 대표할 모집단이 A 대학교 학부 재학생이 아닌 '도서관에 가는' A 대학교 학부 재학생으로 재정의된다. 그렇지만 모집단에 대한 이와 같은 재정의도 배제되는 집단이 도서관에 가지 않는 학생만을 의미하는지, 오전에 도서관에 가지 않는 학생들도 의미하는지, 도서관 정문이 아닌 후문을 이용하는 학생들도 의미하는지, 또는 다른 집단들도 배제되는지가 명확하지 않기 때문에 모집단을 설정하는 데 어려움이 크다. 달리 이야기하면, 비확률적 표본추출 방법에 의하여 추출된 표본은 표본이 대표하는 모집단의 범위가 명확하지 않기 때문에 표본의 대표성이 결여된다(Frankfort-Nachmais and Nachmais 2000, p. 167).

비확률적 표본추출 방법과 달리, 확률적 표본추출 방법에 의하여 추출된 표본은 모집단을 대표할 수 있다. 즉 확률적 표본추출 방법에 의하여 추출된 표본은 모집단 모수에 대한 올바른 추정치를 생성할 수 있다. 이와 같이 표본을 대상으로 파악된 추정치가 모집단 모수와 유사한 경우, 표본의 대표성(representative sample)이 확보되었다고 한다.

이어지는 질문은 확률적 표본추출 방법에 근거하여 표본을 추출하였다 할지라도, 어떻게 하나의 표본에 근거한 추정치를 가지고 모집단 모수를 추정할 수 있을까 하는 점이다. 이 질문에 대한 답은 표집분포 이론(sampling distribution theory)을 바탕으로 제시될 수 있다. 표집분포(sampling distribution)란 무작위적으로 추출된 표본의 통계치(가령 평균값)에 대한 확률분포를 의미한다. 이때 무작위적 추출(random sampling)이란 모집단의 구성원이 표본에 포함될 확률이 같은 경우, 즉 확률적 표본추출을 의미한다.[14] 또한 표본의 통계치(가령 표본의 평균값)는 상호 배타적이고 반복적으로 추출된 표본들의 통계치를 의미한다. 따라서 표집분포란 같은 모집단에서 상호 배타적이고도 반복적으로 무작위 추출된 표본의 통계치(가령 평균값)에 대한 확률분포를 의미한다.

표집분포는 세 가지 속성을 지닌다(Rea and Parker 1997, p. 104). 첫째, 표본 평균값의 평균[$E(\overline{X})$]은 모집단 평균(μ)에 근접한다. 또한 표본크기가 커질수록, 표본 평균값들의 평균은 모집단의 평균에 빠르게 근접하게 된다[$E(\overline{X}) \approx \mu$]. 둘째, 표본 평균값들의 분포는 표본크기(sample size)가 충분히 크면(예를 들어 30개 이상), 정규분포에 근접한다. 이러한 속성은 이른바 중심극한정리(Central Limit Theorem)로 명명되고 있다. 이와 같은 점은 모집단의 분포가 정규분포인지 여부에 관계없이 그러하다. 셋째, 표집분포의 표준편차[또는 줄여서 표준오차(standard error)]는 모집단의 표준편차(standard deviation)보다 작다.

가령, 0~1 범위에서 소수점으로 구성된 숫자 모집단이 있다고 하자. 그리고 각 숫자는 표본에 포함될 확률이 같다(균일분포 가정). 이러한 숫자 모집단의 평균값은 0.5이고, 표준편차는 모집단의 크기에 차이가 있으나 0.3 값에 근사할 것이다(생각해보기: 왜 이렇게 되는 것일까?). 이와 같은 숫자 모집단을 대상으로 여러 번의 표본을 추출하여, 각 표본의 평균값으로 표집분포를 구성하면, 〈그림 5.1〉과 같은 표집분포가 생성될 수 있다(〈그림 5.1〉에 관한 Stata 프로그램 코드는 〈부록 F〉 참조).

14) 만약 표본추출 방법이 무작위적이지 않을 경우, 선택적 편향(selection bias) 또는 표집편향(sampling bias)이 발생하게 된다. 선택적 편향이란 모집단의 한 집단이 다른 집단에 비하여 표본에 포함될 가능성이 높은 것을 의미한다. 표본이 편향되게 취합되면, 이러한 표본을 통하여 파악된 추정치는 모집단을 대표하지 못한다.

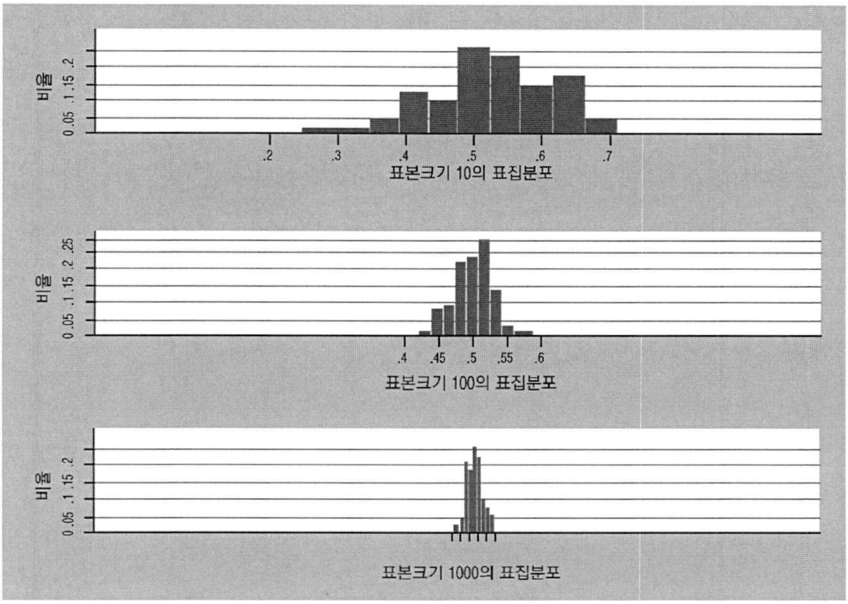

〈그림 5.1〉 표집분포의 생성

〈그림 5.1〉의 그림들은 숫자 모집단에서 표본을 추출하여, 그 표본의 평균값을 구하는 작업을 100번에 걸쳐서 한 후, 평균값들의 분포를 그린 그림이다. 첫 번째 그림은 표본크기가 10인 경우의 표집분포이고, 두 번째 그림은 표본크기가 100인 경우, 세 번째 그림은 표본크기가 1,000인 경우이다. 나머지 조건은 동일하다.

세 그림 모두에서 공통적으로 보이는 현상은 표집분포의 평균은 숫자 모집단의 평균인 0.5에 근접한다는 점이다. 특히, 표본크기가 클수록(10→100→1,000), 표집분포가 숫자 모집단의 평균을 향하여 모이고 있다. 또한 표집분포의 두 번째 속성에서 제시된 바와 같이, 표집분포는 정규분포의 모양을 그리고 있다. 특히, 모집단이 균일분포임에도 불구하고, 표집분포는 대체로 정규분포의 모양을 그리고 있다. 끝으로 표집분포의 세 번째 속성인 표집분포의 표준편차[또는 표준오차(standard error)]는 모집단의 표준편차보다 일반적으로 작다. 예를 들어, 숫자 모집단의 평균은 대체로 0.3이나, 표본크기가 10인 표집분포의 표준오차는 0.09이고, 표본크기가 100인 표집분포의 표준오차는 0.03이며, 표본크기가 1,000인 표집분포의 표준오차는 0.009로 작아지고 있다.

시뮬레이션을 통해 밝혀진 바와 같이, 표본 평균값들의 분포인 표집분포는 일정한 불확실성하에서 모집단의 평균을 포함한다. 이를 공식으로 정리하면, 〈공식 5.1〉과 같다.

$$\text{표본평균값의 평균} - \text{표준오차} \leq \text{모집단 평균} \leq \text{표본평균값의 평균} + \text{표준오차}$$

공식 5.1

〈공식 5.1〉은 표본평균값들의 평균[$E(\overline{X})$]이 모집단의 평균(μ)에 근사한 추정치이며, 추정의 불확실성은 표준오차에 따라 좌우된다는 것을 보여준다. 이때 표준오차는 모집단 자체의 분산 정도(σ)와 표본크기(n)에 따라 달라진다. 모집단의 분포가 넓은 경우(즉 σ가 큰 경우), 표준오차는 커진다. 그렇지만 추출되는 표본크기가 큰 경우(즉 n이 큰 경우), 표준오차는 작아진다(생각해 보기: 만약 n이 무한대로 커져서 모집단의 크기와 같아진다면, 어떤 일이 발생할까?). 따라서 〈공식 5.1〉은 〈공식 5.2〉로 표현될 수 있으며, 축약하여 〈공식 5.3〉으로 정리될 수 있다(Rea and Parker 1997, p. 105).[15]

15) 단, 〈공식 5.2〉에서 〈공식 5.3〉으로의 전환은 모집단의 크기가 충분히 크다는 점을 전제로 하고 있다.

$$E(\overline{X}) - \frac{\sigma}{\sqrt{n}} \leq \mu \leq E(\overline{X}) + \frac{\sigma}{\sqrt{n}} \qquad \text{공식 5.2}$$

$$E(\overline{X}) - \sigma_{\overline{X}} \leq \mu \leq E(\overline{X}) + \sigma_{\overline{X}} \qquad \text{공식 5.3}$$

$E(\overline{X})$는 표집분포의 평균값이고, $\sigma_{\overline{X}}$는 표집분포의 표준오차이며, n은 표본 크기이다. μ는 모집단의 평균이고 σ는 모집단의 표준편차이다.

만약 연구자가 무한한 시간과 비용을 지불할 수 있어서, 모집단으로부터 무한대의 표본을 추출할 수 있다면, 모집단 모수를 모른다고 할지라도 연구자는 표집분포의 평균값을 통하여 모집단 모수를 추정할 수 있을 것이다. 그렇지만 연구자는 무한한 시간과 비용이 없으며, 일반적으로 한 번의 표본만을 추출할 수 있다. 따라서 어떻게 하나의 표본을 통하여 모집단 모수를 추정할 수 있을까?

하나의 표본을 통하여 모집단 모수를 추정할 수 있는 것은 표집분포가 정규분포라는 점에 근거하여 대답될 수 있다. 그 과정을 살펴보자. 먼저 표집분포는 정규분포이며, 정규분포는 $Z = \frac{(\overline{X} - E(\overline{X}))}{\sigma_{\overline{X}}}$ 공식을 통하여 표준정규 분포(standard normal distribution)로 전환될 수 있다. 따라서 표준정규 분포의 속성에 따라 연구자가 표준정규 분포 상의 표준편차 값(즉 Z 값)을 설정하면, 표집분포 상의 표본평균값들이 포함되는 영역을 설정할 수 있다. 즉 〈그림 5.2〉에 제시된 바와 같이, Z 값을 ±1로 설정하면, 전체 표본평균값들의 68%를 포함하는 영역을 설정할 수 있으며, Z 값을 ±1.96으로 설정하면, 전체 표본평균값들의 95%를 포함하는 영역을 설정할 수 있고, Z 값을 ±2.575로 설정하면, 전체 표본평균값들의 99%를 포함하는 영역을 설정할 수 있다.

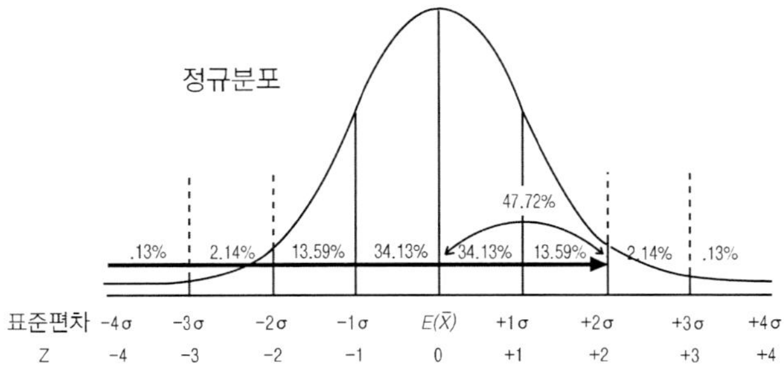

〈그림 5.2〉 표집분포와 표준정규 분포

〈그림 5.2〉를 다른 각도에서 보면, 연구자의 목적에 따라 전체 표본평균값들을 포함하는 영역을 설정할 수도 있다. 가령 표본평균값의 평균을 중심으로 전체 표본평균값들의 68%를 포함하는 영역을 설정하고 싶으면, Z 값을 ±1로 설정하면 된다. 또한 표본평균값의 평균을 중심으로 전체 표본평균값들의 95%를 포함하는 영역을 설정하고 싶으면, Z 값을 ±1.96으로 설정하면 되고, 전체 표본평균값들의 99%를 포함하는 영역을 설정하고 싶으면, Z 값을 ±2.575로 설정하면 된다. 즉 연구자가 제시한 추정이 표본의 평균값들을 포괄할 것이라는 신뢰의 정도, 즉 '신뢰수준(confidence level)'을 설정하고자 한다면, 이에 해당하는 Z 값을 설정하면 된다. 이러한 측면에서 추정치에 대한 신뢰수준은 분석이 완료된 시점이 아닌 분석이 완료되기 이전에 결정되어야 한다.

이와 같은 추정치에 대한 신뢰수준에 대한 고려가 〈공식 5.3〉에 대입되면 해당 공식은 〈공식 5.4〉로 전환된다.

$$E(\overline{X}) - Z\sigma_{\overline{X}} \le \mu \le E(\overline{X}) + Z\sigma_{\overline{X}}$$ 공식 5.4

Z는 표준정규 분포의 표준편차 값이다.

나아가 〈공식 5.4〉는 $E(\overline{X})$에 대한 최상의 추정치가 $\overline{X}$라는 점, $\sigma_{\overline{X}}$에 대한 최상의 추정치가 $\frac{s}{\sqrt{n}}$라는 점에 의해서 〈공식 5.5〉로 전환된다(Rea and Parker 1997, p. 108).[16]

$$\overline{X} - Z\frac{s}{\sqrt{n}} \le \mu \le \overline{X} + Z\frac{s}{\sqrt{n}} \qquad \text{공식 5.5}$$

$\overline{X}$는 표본의 평균이고, s는 표본의 표준편차, n은 표본크기이다. $Z\frac{s}{\sqrt{n}}$는 추정치의 불확실성 또는 인내를 의미한다는 점에서 오차범위(margin of error)로 불리고 있다. 끝으로 '$\overline{X}\pm Z\frac{s}{\sqrt{n}}$'는 신뢰구간(confidence interval)으로 명명된다. 신뢰구간은 하나의 표본을 근거로 '몇 퍼센트'의 신뢰수준에서 모집단 모수를 포함하게 된다. 예를 들어, 하나의 표본을 근거로 95% 신뢰수준에서 설정된 신뢰구간은 100번 중 95번의 확률로서, 모집단 평균을 포함한다.

요컨대, 연구자는 가설검증에 앞서 신뢰수준과 오차범위를 설정함으로써 하나의 표본으로서 모집단 모수를 포함하는 신뢰구간을 구축할 수 있다. 이때 신뢰수준(confidence level)이란 구축된 신뢰구간이 모집단 모수를 포함할 것이라는 신뢰를 의미한다. 달리 이야기하면, 구축된 신뢰구간이 모집단 모수를 포함하지 못하는 것에 대한 인내의 정도를 의미하기도 한다. 오차범위(margin of error)란 구축된 신뢰구간의 불확실성(uncertainty) 정도를 의미한다. 오차범위가 넓을수록 구축된 신뢰구간의 구간크기는 넓어지고, 이에 신뢰구간의 불확실성도 커진다. 반면 오차범위가 작을수록 신뢰구간의 구간크기가 작아짐에 따라, 신뢰구간의 불확실성도 작아지게 된다. 이와 같은 설정을 통하여, 하나의 표본으로부

16) 〈공식 5.4〉에서 〈공식 5.5〉로의 전환은 표본크기가 충분히 크다는 속성(asymptotic property)을 전제로 하고 있다. 따라서 표본크기는 30 이상이어야 한다.

터 구축된 신뢰구간($\overline{X} \pm Z\frac{s}{\sqrt{n}}$)은 표집분포의 평균값들을 몇 퍼센트 정도 포함하게 되며, 따라서 모집단의 모수는 해당 구간 내에 같은 퍼센트의 확률로서 포함되게 된다. 달리 이야기하면, 신뢰수준을 95%로 설정할 경우, 표본으로부터 구축된 신뢰구간은 설정된 오차범위의 인내 하에서 모집단의 모수를 100번 중 95번 포함시키는 경향이 있다고 이야기할 수 있다.

가령 신뢰수준 95%와 오차범위 ±3.2%에서 A후보 대 B후보의 지지도 45%, 47%라는 것은 A후보에 대한 지지 구간 41.8 ~ 48.2(45±3.2), 그리고 B후보에 대한 지지 구간 43.8 ~ 50.2(47±3.2) 내에 각 후보에 대한 모집단 평균값이 놓일 확률이 100분의 95라는 점을 의미한다(한국갤럽 데일리 정치 지표, 2012년 11월 7일 일일 지표). 따라서 5번의 예외와 추정치에 대한 ±3.2%의 불확실성을 인내할 수 있으면, 하나의 표본을 통하여 얻어진 추정치 구간은 모집단의 평균값을 바르게 포함할 수 있다.

제2절_가설검증

가설을 검증하는 방법에는 크게 두 가지 형태가 있다. 첫 번째 형태는 가설에서 제시된 모집단의 모수가 표본을 통하여 제시된 구간 내에 있는지를 보는 방식이다. 두 번째 형태는 가설에서 제시된 모집단의 모수가 적절하다면 표본이 얼마나 예외적인 존재인지를 파악하는 방식이다. 전자의 방식은 신뢰구간(confidence interval) 구축을 통한 검증 방식이며, 후자의 방식은 유의성 검증(significance test)을 통한 검증 방식이다.

신뢰구간이란 앞서 논의된 〈공식 5.5〉를 이용하여 구축된 구간으로서 몇 퍼센트의 신뢰수준으로 모집단 모수를 포함하는 구간이다. 단, 신뢰수준(즉 Z 값)은 가설검증 이전에 설정되어야 한다.

가령 가설에서 A 대학교 학부생의 평균 키가 175cm로 가정된 반면, 표본에서 파악된 평균 키는 170cm라고 하자. 이때 표본크기는 100명이고, 표본의 표준편차는 7.5cm이다. 따라서 가설검증은 표본에서 파악된 평균 170cm 등의 정보를 근거로 구축된 신뢰구간이 모집단 모수(즉 175cm)를 포함하는지 여부가 된다. 만약 표본의 정보를 근거로 구축된 신뢰구간이 모집단 모수를 포함하고 있다면, 제시된 가설은 기각되지 않으며, 그렇지 못할 경우 가설은 기각된다. 〈공식 5.5〉에 근거하여 표본의 신뢰구간을 구축하면 다음과 같다.

$$170 - 1.96 \times \frac{7.5}{\sqrt{100}} \quad \le \quad \mu \quad \le \quad 170 + 1.96 \times \frac{7.5}{\sqrt{100}}$$

$$168.53 \quad \le \quad \mu \quad \le \quad 171.47$$

95% 신뢰수준에서 구축된 신뢰구간(168.53~171.47)을 근거로 할 때, 가설에서 제시된 모수(175cm)는 그 구간 안에 포함되지 않았기 때문에 A 대학교 학부생의 평균 키가 175cm라는 가설은 기각된다. 즉 연구자는 A 대학교 학부생의 평균 키는 175cm가 아닐 가능성이 크며, 모집단의 평균 키는 168.53~171.47cm 구간 어딘가에 존재한다고 95% 신뢰수준에서 판단할 수 있다.

두 번째 형태의 가설검증 방식은 유의성 검증방식이다. 유의성 검증이란 가설에서 제시된 모수가 적절하다면, 현재 연구자가 수집한 표본이 얼마나 예외적인지를 측정하는 방식이다. 즉 가설에서 제시된 모집단의 모수에 기준해 볼 때, 표본이 대단히 예외적인 경우에는 모집단의 가설을 기각할 수 있는 반면(rejection), 표본이 예외적이지 않을 경우에는 가설을 기각할 수 없다(no rejection). 따라서 연구자는 유의성 검증을 하기 전에 어느 정도가 '예외적인지'를 사전에 설정해야 한다. 이 때 '예외적'이라 함은 모집단 모수에 대한 가정이 올바름에도 불구하고 이와 같은 표본이 나타날 가능성이다. 유의수준(α)으로 불리는 이 영역은 가설에서 제시된 수치가 적절하더라도, 표본 추정치가 나타날 최대한의 확률을 의미한다. 따라서 표본 추정치가 나타날 확률이 설정된 유의수준보다 작을 경우, 가설은 기각된다(Agresti and Finlay 2009, p. 145). 일반적으로 유의수준은 0.10, 0.05, 0.01 등이 사용된다(생각해 보기: 유의수준과 신뢰수준 간의 유사성은? 예를 들어, 유의수준 0.10과 신뢰수준 90%, 0.05와 95%, 그리고 0.01과 99%).

유의수준을 설정할 때 유념할 점은 이 영역을 분포의 양쪽에 설정할지[즉 양측검증(two tailed test)], 아니면 분포의 한쪽에만 설정할지[즉 단측검증(one-tailed test)]를 결정해야 한다는 것이다. 이러한 결정은 이론에 근거하여 결정되며, 가설검증 단계 이전에 이루어져야 한다. 양측검증일 때 유의수준은 분포의 양쪽에 놓이며, 단측검증일 때는 유의수준은 분포의 한쪽에만 놓인다. 일반적으로 경험적 검증은 이론에 대한 경험적 현실을 검증하는 단계이기 때문에 단측검증보다는 양쪽검증이 선호된다.

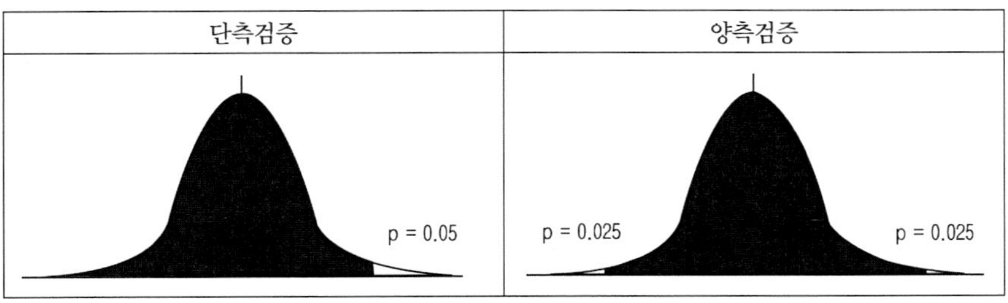

〈그림 5.3〉 유의수준 0.05에서의 단측검증과 양측검증

모집단 모수(μ)로부터 표본 추정치($\overline{X}$)의 거리는 표준정규 분포의 표준편차,

즉 Z 값으로서 표준화될 수 있다. 그리고 표준정규 분포의 Z 값은 일정한 확률을 제시하는 바, 모집단 모수가 적절하다면, 표본 추정치가 나타날 확률을 계산할 수 있게 해 준다. 이와 같은 확률은 유의확률(probability value, p-value 또는 p값)로 불리며, 가설상의 모수가 적절할 때 표본추정치가 나타날 확률이다.

Z 값에 해당하는 p 값은 표준정규 분포의 확률에 근거하여 파악된다. 만약 표본크기가 30개 이하일 경우, t 분포의 확률에 근거하여 파악된다(〈부록 B〉와 〈부록 C〉 참고). 단, t 분포에 근거하여 p 값을 찾을 경우, 자유도(degree of freedom, 이하 df)는 '표본크기 − 1'(즉 $df = n - 1$)로 계산된다. 사용되는 공식은 〈공식 5.6〉과 같다.

$$Z = \frac{(\overline{X} - \mu)}{s / \sqrt{n}} \quad \text{공식 5.6}$$

앞의 예와 같이, 표본크기는 100명, 표본의 평균값은 170cm, 표준편차는 7.5cm인 경우에 대한 표본의 유의성 검증을 진행해 보자. 유의수준은 신뢰수준 95%와 같이 0.05로 한다. 따라서 가설에서 제시된 모집단의 모수를 기준으로 할 때, 표본의 추정치가 나타날 확률, 즉 p 값이 유의수준인 0.05보다 작을 경우, 가설은 기각된다. 영 가설(null hypothesis)은 H_0로 표기되고, 대안 가설(alternative hypothesis)은 H_a로 표기된다.[17]

H_0: $\mu = 175$

H_a: $\mu \neq 175$ (생각해 보기: ≠은 단측검증을 의미하는 것인가, 아니면 양측검증을 의미하는 것인가?)

---

17) 영 가설은 귀무가설 등의 용어로 사용되기도 하며, 대안 가설은 대립가설 등의 용어로 사용되기도 한다.

$$Z = \frac{(\overline{X} - \mu)}{s/\sqrt{n}} = \frac{170 - 175}{7.5/\sqrt{100}} = -6.67$$

Z 값 -6.67에 해당하는 p 값은 $8.715e^{-11}$인 0.00000000008715이다. 따라서 이러한 수치는 설정된 유의수준 0.05(양측검증 기준 0.025, 단측검증 기준 0.05)보다 훨씬 낮은 수치이기 때문에, 제시된 영 가설은 기각된다. 기각이 의미하는 바는 가설에서 제시된 모집단의 모수가 적절하다면, 경험적 현실에서 이러한 표본을 관측할 확률이 극히 낮다는 것이다.

제3절_표본크기

하나의 표본을 통하여 모집단을 유추하는 데 있어 고려해야 할 사항 중 하나는 표본크기이다. 물론 표본크기가 크면 클수록, 모집단 모수를 유추하는 데 있어 보다 확신이 설 것이다(생각해 보기: 왜 그러한 것일까? 힌트: 〈공식 5.5〉와 관련해서 생각해 보기를). 가장 극단적인 경우는 모집단 전체를 추출하는 경우이다. 이때에는 대표성이 확보되며, 불확실성도 모집단 상에 존재하는 불확실성만이 존재하게 된다. 그렇지만 연구자의 환경은 모집단 전체를 추출할 수도 없으며, 표본크기도 상당히 제한될 수밖에 없다. 따라서 연구자는 표본이 가져야 할 최소 크기를 파악할 필요가 있다.

표본의 최소 크기를 파악하기 위해서 연구자는 먼저 신뢰수준과 오차범위를 사전에 설정해야 한다. 여기서 한 가지 유념해야 할 점은 신뢰수준과 오차범위 간의 관계가 독립적 관계가 아닌 비례적 관계에 있어서, 신뢰수준을 높일 경우

오차범위도 커지고, 이에 따라 구축된 신뢰구간의 폭도 같이 넓어진다는 점이다. 예를 들어, 신뢰수준이 높아질수록(예를 들어, 95% → 99%), Z 값이 증가하게 되고(1.96 → 2.575), 이에 따라 오차범위($1.96\frac{s}{\sqrt{n}} \rightarrow 2.575\frac{s}{\sqrt{n}}$)도 증가하여, 구축된 신뢰구간도 약 30% 넓어지게 된다($1.3=\frac{2.575}{1.96}$). 따라서 신뢰수준을 높일지, 아니면 오차범위를 줄여 신뢰구간의 폭을 좁힐지는 연구자의 연구목적에 따라 달라진다.

신뢰수준과 오차범위에 대한 설정이 끝나고 나면, 표본크기는 오차범위에 대한 정의를 표본크기 n에 대하여 치환하여 계산된다. 치환된 방정식은 〈공식 5.7〉과 같다.

$$n = \frac{Z^2 s^2}{\text{오차범위}^2}$$ 공식 5.7

(생각해 보기: 왜? 힌트: 오차범위 $= \pm Z\frac{s}{\sqrt{n}}$)

n은 표본크기, Z는 신뢰수준, 오차범위는 추정치의 불확실성인 $\pm Z\frac{s}{\sqrt{n}}$, s는 표준편차를 의미한다. 일반적으로 Z는 1.96(95% 신뢰수준), 오차범위는 ±0.03 (±3%)이 사전에 설정된다.

만약 모집단의 크기가 작은 경우, 소위 제한적 모집단 조정치(finite population correction)인 $\sqrt{\frac{N-n}{N-1}}$을 삽입하여, 표본크기를 조정할 수 있다(Yamane 1967, p. 161, Rea and Parker 1997, p. 105에서 재인용). N는 모집단의 크기이며, n은 표본크기이다. $\sqrt{\frac{N-n}{N-1}}$을 〈공식 5.7〉에 삽입하면, 작은 모집단에 대한 표본크기 공식이 〈공식 5.8〉과 같이 도출된다.

$$n = \frac{Z^2 s^2}{\text{오차범위}^2 + \frac{Z^2 s^2}{N-1}}$$ 공식 5.8

(생각해 보기: 왜 그럴까? 힌트: $n = \frac{Z^2 s^2}{\text{오차범위}^2}\sqrt{\frac{N-n}{n-1}}$ 을 n을 기준으로 치환하면?)

오차범위와 신뢰수준에 대응하는 Z 값은 사전에 설정되기 때문에, 연구자는 모집단의 표준편차의 추정치인 s에 대한 값을 파악하면, 표본크기(n)를 구할 수 있다. 모집단 표준편차에 대한 추정치(s)는 모집단 사전지식에 기반을 둔 추정, 예비조사를 통한 추정 등을 통하여 구해질 수 있지만, 일반적으로 표본의 표준편차로 대체된다(Rea and Parker 1997, p. 108).

측정되는 모집단의 모수가 등간척도인 경우와 비율인 경우에 따라, 표준편차 공식에 약간의 차이가 있다. 예를 들어, 측정되는 모집단의 모수가 사람의 키, 일인당 소득, 수능점수 등과 같은 등간척도인 경우, 표본의 표준편차는 $\sqrt{\frac{\sum_{i=1}^{n}(X_i - \overline{X})^2}{n-1}}$ 이다.

그렇지만 측정되는 모집단의 모수가 전체 집단의 비율(proportion, 이하 π)인 경우도 있다. 예를 들어, 전체 유권자 중 선호하는 후보자의 비율, 선호 정당의 비율, 사회복지 정책에 대한 찬반 비율, 경제민주화에 대한 찬반 비율 등은 측정되는 모집단의 모수가 비율에 해당된다. 이러한 경우, 표본의 표준편차는 $\sqrt{\frac{\hat{\pi}(1-\hat{\pi})}{n}}$ ($\hat{\pi}$는 표본의 비율)이고, 최대 표준편차는 $\sqrt{\frac{0.5(1-0.5)}{n}}$ 이다(생각해 보기: 비율의 최대 표준편차가 왜 $\sqrt{0.5(1-0.5)}$ 일까?).

리와 파커는 연구자의 편의를 위하여, 각 유형에 해당하는 표본크기를 계산하여, <표 5.1>과 <표 5.2>와 같이 제시하고 있다(Rea and Parker 1997, p. 121).

〈표 5.1〉 등간척도 변수에 대한 표본크기

	표본크기					
	95% 신뢰수준			99% 신뢰수준		
모집단 크기	±3%	±5%	±10	±3%	±5%	±10
500	250	218	81	250	250	125
1,000	500	278	88	500	399	143
1,500	624	306	91	750	460	150
2,000	696	323	92	959	498	154
3,000	788	341	94	1,142	544	158
5,000	880	357	95	1,347	586	161
10,000	965	370	96	1,556	622	164
20,000	1,014	377	96	1,687	642	165
50,000	1,045	382	96	1,777	655	166
100,000	1,058	383	96	1,809	659	166

출처: Rea and Parker(1997, p. 121).

〈표 5.1〉은 측정되는 모집단의 모수가 등간척도일 경우 해당하는 표본크기이다. 첫 번째 열은 모집단의 크기를 의미하며, 그 옆의 열들은 신뢰수준과 오차범위에 따른 표본의 최소 크기를 의미한다. 가령 모집단의 크기가 500이고, 95% 신뢰수준에서 ±3%의 오차범위 내에서 신뢰구간을 구축할 경우, 표본의 최소 크기는 250이다. 만약 다른 조건이 같고, 오차범위만 5%로 변경될 경우, 표본의 최소 크기는 218로 축소될 수 있다.

한편 측정되는 모집단의 모수가 비율일 경우, 해당하는 표본크기는 〈표 5.2〉에 제시되어 있다.

〈표 5.2〉 비율로 표시된 변수에 대한 표본크기

	표본크기	
오차범위	95% 신뢰수준	99% 신뢰수준
±1	9,604	16,590
±2	2,401	4,148
±3	1,068	1,844
±4	601	1,037
±5	385	664
±6	267	461
±7	196	339
±8	151	260
±9	119	205
±10	97	166

출처: Rea and Parker(1997, p. 119).

〈표 5.2〉의 첫 번째 열은 오차범위를 의미하며, 그 옆의 열은 신뢰수준을 의미한다. 예를 들어, 오차범위가 ±1이고 신뢰수준이 95%일 경우, 표본크기는 최소한 9,604가 요구된다. 또한 오차범위는 같지만 신뢰수준을 99%로 높이고자 할 경우, 요구되는 표본의 최소 크기는 16,590이다.

제4절_표본추출 방법

표본크기가 결정된 후, 연구자는 모집단으로부터 표본을 추출해야 한다. 표본을 추출하는 방법은 크게 확률적 표본추출 방법과 비확률적 표본추출 방법으로 구분된다. 확률적 표본추출 방법(probability sampling method)은 모집단 구성원이 표본에 포함될 확률이 사전에 '알려져' 있는 경우이며, 일반적으로 모집단의 모든 구성원이 표본에 포함될 확률이 동등한(equal) 경우이다. 비확률적 표본추출 방법(nonprobability sampling method)은 모집단의 일부 구성원 또는 그룹이 표본에 포함될 확률이 사전에 알려지지 않은 경우이다. 확률이 알려지지 않을 경우, 모집단의 구성원이 표본에 포함될 확률이 동등한지를 확신할 수 없으며, 이에 따라 정규분포의 속성을 사용할 수 없게 된다(Rea and Parker 1997, p. 141). 정규분포의 속성을 사용할 수 없다는 점은 제2절에서 논의된 가설검증의 방식이 불가능하다는 점을 의미한다. 따라서 비확률적 표본추출 방법을 통하여 추출된 표본에서 발견된 사항들은 표본을 넘어 적용될 수 없다.

1. 비확률적 표본추출 방법

비확률적 표본추출 방법은 그 한계성에도 불구하고, 비용, 시간, 인력과 같은 현실적 한계로 말미암아 종종 사용되고 있다. 비확률적 표본추출 방법의 예로는 편의 표본추출, 판단 표본추출, 누적 표본추출 등이 있다.

편의 표본추출(convenience sampling)은 표본추출이 연구자의 편의에 따라 이루어지는 방식이다. 예를 들어, 유권자 민의를 파악하기 위하여 눈에 띄는 길거리 행인을 대상으로 표본을 추출하는 경우, 백화점 만족도를 조사하기 위하여 백화점 경품 코너를 열고 경품 코너 방문자를 대상으로 표본을 추출하는 경우, 아버지와 자녀의 대화 시간을 파악하기 위하여 이들이 많이 모일 것 같은 놀이공원에서 표본을 추출하는 경우 등이다. 이러한 방식의 대표적인 예는 1936년 대통령 선거 여론조사를 한 『리터러리 다이제스트(The Literary Digest)』의 경우이다. 『The Literary Digest』는 당시 손쉽게 획득할 수 있는 자동차 소유주 명부, 전화번호부, 『The Literary Digest』 구독자 명부를 이용하여 표본을 추출하여 대통령 선거 당선자를 예측하였다. 그렇지만 당시 자동차, 전화 등을 소유할 수 있는 유권자는 상류층에 속하는 유권자로서 이와 같은 명부를 대상으로 한 표본추출은 모집단을 대표할 수 있는 방식이 아니었다. 결과적으로 『The Literary Digest』의 선거 예측은 크게 어긋났으며, 이후 『The Literary Digest』는 독자들의 신뢰를 잃게 되어 『더 타임스(The Times)』에 흡수·합병되었다.

판단 표본추출(purposive sampling)은 표본추출이 연구자의 판단에 근거하여 이루어지는 방식이다. 예를 들어, 특정 지역의 청소년 범죄를 연구하기 위하여 청소년 범죄와 관련된 지역 검찰 및 경찰, 지역 청소년 상담사, 지역 교육 종사자 등을 면접하는 경우 등이 이에 해당된다. 이러한 표본추출 방식은 모집단에 대한 대표성이 결여되어 있으며, 모집단에 대한 상당한 사전지식이 요구된다.

누적 표본추출(snowballing sampling)은 표본추출이 이미 추출된 표본을 통하여 이루어지는 방식이다. 즉 누적 표본추출이란 마치 눈덩어리를 굴리는 것과 같이 연구자가 임의로 추출한 표본으로부터 다른 표본을 추천받아, 표본의 수를 늘리는 방식이다. 이러한 방식은 추출되어야 할 표본을 연구자가 알지 못할 경우 유용하게 사용될 수 있는 방식이지만, 비확률적 표본추출의 한계인 대표성 결여라는 문제를 가지고 있다.

2. 확률적 표본추출 방법

확률적 표본추출 방법이란 모집단의 모든 구성원이 표본에 포함될 확률이 사전에 알려져 있는 경우이다. 일반적으로 확률적 표본추출 방법은 모집단의 모든 구성원에 포함될 확률이 동등하도록 구성되어 있다. 확률적 표본추출 방법의 구체적인 유형으로서는 단순 무작위 추출방법, 체계적 추출방법, 층별 추출방법, 군집 추출방법, 다단계 군집 추출방법 등이 있다.

모집단 구성원에 대한 표본추출이 확률적으로 진행되기 위해서는 모집단 구성원에 대한 명부가 필요하다. 이와 같이 표본에 추출될 모집단 구성원 전체에 대한 '명부'는 소위 표본틀(sampling frame)이라고 불린다. 표본틀은 표본의 대표성을 확보하기 위하여, 즉 모집단 구성원이 모두 나열됨으로써 특정 집단의 배제를 사전에 방지하기 위한 목적으로 만들어진다. 가령 A 대학교 재학생에 대한 대통령 선호도 조사의 경우, 표본틀은 A 대학교 재학생 전체 명부를 의미한다.

표본틀이 구비된 이후, 연구자는 단순 무작위 추출방법을 통하여 표본을 추출할 수 있다. 단순 무작위 추출방법(simple random sampling)이란 모집단의 모든 구성원에게 표본에 추출될 일련번호를 부여한 후, 난수표(random digit number table) 상의 숫자와 일치하는 숫자를 표본으로서 추출하는 방식이다. 난수표 상의 숫자는 정의에 따라 무작위로 나열된 숫자로, 난수표 상의 숫자와 사전에 부여된 숫자가 일치된 구성원이 표본으로 추출될 경우, 모집단의 모든 구성원이 표본에 포함될 확률이 같게 된다. 난수표의 예는 〈표 5.3〉과 같다.

〈표 5.3〉 상의 숫자는 서로 독립적으로 구성되어 있다. 즉 첫 번째 열/첫 번째 행의 숫자 11404는 근접해 있는 다른 숫자(즉 10478/65621/95574)와 연관되어 있지 않은 수로서, 특정한 규칙에 의하여 생성된 숫자들이 아니다. 따라서 11404, 10478, 65621, 95574 숫자는 표본에 포함될 확률이 모두 같다.

단순 무작위 추출방법의 예를 들어 보자. A 대학교 대학생을 대상으로 대통령 선호도를 조사하고자 하는 연구자는 학부 재학생 총 25,000명 중 1,000명의 표본을 추출하고자 한다. 단순 무작위 추출방법에 기반을 두어 표본을 추출할

〈표 5.3〉 다섯 자리 숫자의 난수표 예

	열				
행	1	2	3	4	5
1	11404	10478	24317	60312	25164
2	65621	95574	93724	49741	65251
3	93998	73709	00325	78627	36815
4	22667	52883	05673	74698	64385
5	33362	68724	52681	31148	83761
6	07236	66537	70834	33260	72583
7	31768	30247	90313	77538	05367
8	54121	21768	09324	79572	29734
9	68417	97521	56698	09525	76354
10	93561	63399	84743	39751	29448
11	31790	95267	75464	05783	98523
12	48585	66947	30541	64728	90400
13	93614	13143	58366	05070	37304
14	00071	86770	43287	07386	16458
15	48277	34132	73045	41818	07465

출처: Rea and Parker(1997, p. 134).

경우, A 대학교 재학생 1명이 표본에 포함될 확률 $0.04(=\frac{1,000}{25,000})$는 사전에 알려진다. 1,000명의 표본추출 과정은 다음과 같다. 물론 A 대학교 학부 재학생의 표본틀이 있다고 가정한다(생각해 보기: 그렇지만 재학생의 인적 정보인 재학생 명단을 확보할 수 있을까? 만약 불가능하다면?).

1단계: 표본틀에 제시된 재학생 모두에게 1번부터 25,000번까지의 일련번호를 부여한다.

2단계: 1번부터 99,999번까지의 난수(random digit numbers)가 제시된 난수표를 만든다.

3단계: 난수표 상의 숫자 하나를 임의적으로 선택하여, 해당 숫자를 기준으로 가로, 세로, 또는 대각선 방향의 숫자를 선택한다.

4단계: 선택된 숫자가 재학생 일련번호 상의 숫자라면(가령 15,000번), 숫자에 해당되는 재학생을 표본에 포함시킨다. 만약 선택된 숫자가 재학생 일련번호 바깥의 숫자라면(가령 25,001번)이라면, 다음 숫자를 선택한다.

5단계: 추출하고자 하는 1,000명의 재학생이 확보할 때까지 4단계 과정을 반복한다.

단순 무작위 추출방법은 가장 단순한 표본추출 방법으로서, 표본의 대표성을 확보하기 위한 좋은 방법이다. 그렇지만 모집단이 상당히 클 경우 또는 표본틀이 알려지지 않을 경우에는 사용되기 어렵다. 즉 모집단이 상당히 클 경우에 모집단 구성원 개개인에게 일련번호를 붙이는 것은 시간적인 측면에서나 비용적인 측면에서 한계가 있다(예를 들어, 대한민국 유권자에게 일련번호 붙이기). 또한 모집단에 대한 표본틀이 알려져 있지 않을 경우, 단순 무작위 추출은 가능한 표본추출 방법이 아니다. 체계적 추출방법은 이러한 단순 무작위 추출방법의 단점을 일정 부분 해결해 주는 표본추출 방법이다.

체계적 추출방법(systematic sampling)은 사전에 정해진 간격에 따라 표본틀 상의 매 i번째가 구성원을 표본에 포함시키는 방식이다. 이때 간격은 모집단의 크기(N)을 추출하고자 하는 표본크기(n)으로 나눈 값이며(즉 $\frac{N}{n}$), 첫 번째 구성원이 임의적으로 선출된 이후 매 $\frac{N}{n}$에 해당하는 구성원이 표본에 포함된다. 앞서 제시된 대통령 선호도 조사를 예로 들어 보자.

1단계: 간격을 계산한다. 즉 $\frac{25,000}{1,000}=25$

2단계: 첫 번째 추출대상을 표본틀에서 임의로 선출한다.

3단계: 추출된 첫 번째 재학생으로부터 25번째에 해당하는 재학생을 추출하고, 이후 매 25번째에 해당하는 재학생을 추출하는 방식으로 1,000명의 학생을 추출한다.

체계적 추출방법은 모집단 구성원 모두에게 일련번호를 부여하는 번거로움은 피할 수 있다. 그렇지만 표본틀이 무작위로 나열되어 있지 않고, 가령 매 i번째로 특정 구성원이 포함되어 있는 방식으로 표본틀이 구성되어 있을 경우, 추출된 표본은 대표성을 상실하게 된다. 이와 같은 단점과 더불어, 표본틀이 확보되지 않았을 경우에는 사용되지 못하는 단점을 여전히 지니고 있다.

세 번째 확률적 표본추출 방법은 층화 추출방법(stratified sampling)이다. 층화 추출방법은 모집단을 몇 개의 층(strata)으로 구분하고, 각 층에서 무작위로 표본을 추출하는 방식이다. 이때 층은 상호배타적인 층을 전제로 하고 있으며, 각 층 내에서의 추출방법은 단순 무작위적 추출방법 또는 체계적 추출방법을 적용할 수 있다. 이 방법은 특정 층에 대한 표본 대표성이 확보되어야 할 경우, 유용하게 사용될 수 있다. 예를 들어, 사회 소수층의 애환을 조사하기 위한 연구에서는 사회 소수층이 표본에 대표성 있게 확보되어야 하며, 학년별 대학생 만족도를 조사하기 위한 연구에서는 학년별 표본의 대표성이 확보되어야 한다. 각 층별 표본크기는 최소 100명으로 유지할 것을 리와 파커는 권고하고 있다(Rea and Parker 1997, p. 137).

층화 추출방법은 각 층의 모집단 구성비를 기준으로 비례층화 추출방법과 비(非)비례층화 추출방법으로 구분된다. 비례층화 추출방법(proportionate sampling)은 모집단을 각 층으로 구분한 후, 각 층의 모집단 구성비에 따라 표본을 추출하는 방식이다. 예를 들어, A 대학교 재학생의 학년별 대통령 선호도 조사를 진행한다고 가정하자. A 대학교 학년별 재학생 수 1학년 7,000명, 2학년 7,000명, 3학년 6,000명, 4학년 5,000명이다.

> 1단계: 학년별 모집단 구성비를 계산한다. 계산 결과는 1학년 0.28($=\frac{7,000}{25,000}$), 2학년 0.28($=\frac{7,000}{25,000}$), 3학년 0.24($=\frac{6,000}{25,000}$), 4학년 0.20($=\frac{5,000}{25,000}$)이다.
>
> 2단계: 학년별로 추출되어야 할 표본크기를 계산한다. 계산 결과는 1학년 280명($= 1000 \times 0.28$), 2학년 280명($= 1000 \times 0.28$), 3학년 240명($= 1000 \times 0.204$), 4학년 200명($= 1000 \times 0.20$)이다.
>
> 3단계: 각 학년별 표본틀 내에서 무작위로 표본을 추출한다.

비례층화 추출방법은 각 층의 대표성 있는 표본을 확보함으로써 층별 특성을 파악하는 데 유리한 방식이다. 그렇지만 이와 같은 방법은 모집단의 비율에서 특정 층의 비율이 너무 낮을 경우, 추출되는 표본크기가 너무 작거나 아예 표본이 추출되지 않을 수 있다. 가령 A 대학교 재학생의 대통령 선호도 조사를 함에 있어 한국인과 외국인에 대한 선호도 차이가 주요한 연구목적 중 하나라면, 추출되는 외국인의 표본크기가 너무 작을 수 있다. 이러한 경우 추출되는 층의 대표성 확보가 문제시될 수 있다. 이와 같은 문제점은 비(非)비례층화 추출방법을 통하여 해소될 수 있다.

비(非)비례층화 추출방법(disproportionate sampling)은 각 층에서 확보되어야 할 표본크기를 먼저 계산한 후, 각 층에서 해당되는 표본크기만큼 표본을 무작위로 추출하는 방식이다. 그렇지만 이러한 방식으로 추출된 표본크기는 모집단의 구성비와 다르기 때문에, 표본에서 파악된 추정치는 표본비율(sampling fraction)의 역이 가중 적용되어 계산되어야 한다. 표본비율은 $\frac{\text{요구하는 표본의 크기}}{\text{모집단에서 층의 크기}}$이다.

가령 A 대학교 재학생의 대통령 선호도 조사를 진행한다고 하자. 이번 경우에는 학년별 층이 아닌, 내국인과 외국인이라는 층에 따라 선호도 조사를 진행한다고 가정하자. 이때 25,000명 재학생 중 내국인은 20,000명이고, 외국인은 5,000명으로 가정한다. 비(非)비례층화 추출방법의 적용 과정은 다음과 같다.

1단계: 각 층에서 확보되어야 할 표본크기를 결정한다. 예를 들어, 1,000명의 표본 중 500명 내국인, 500명 외국인.

2단계: 각 층의 표본틀 내에서 무작위로 표본을 추출한다.

3단계: 각 층의 표본비율을 계산한다. 즉 내국인의 표본비율은 $0.025(=\frac{500}{20,000})$이고, 외국인의 표본비율은 $0.01(=\frac{500}{5,000})$이다.

4단계: 각 층에서 표본의 추정치를 구한 후, 해당 추정치에 각 층의 표본비율을 역으로 가중하여 적용한다. 예를 들어, 내국인의 추정치가 $\overline{X}_{\text{내국인}}$일 경우, 올바른 추정치는 $\overline{X}_{\text{내국인}} \times \frac{20,000}{500}$이다. 외국인의 추정치가 $\overline{X}_{\text{외국인}}$일 경우, 올바른 추정치는 $\overline{X}_{\text{외국인}} \times \frac{5,000}{500}$이다. (생각해 보기: 표본비율의 역으로 가중치가 적용되면, 모집단 구성원이 표본에 포함될 확률은 어떻게 될까?)

비(非)비례층화 추출방법을 통한 표본추출은 모집단에서 특정 층이 희소하게 분포되어 있어, 해당 층이 표본에 포함될 확률이 낮은 경우에 주로 사용된다. 따라서 연구목적이 희소한 특정 층에 대한 조사일 때, 그러한 층의 특성을 파악할 수 있는 효율적인 방법이다. 그렇지만 분석하고자 하는 층의 범주가 다양할 경우, 표본크기가 문제로 제기될 수 있다. 예를 들어, 연구주제가 출신국가별

다문화 가정의 애환에 관한 조사라면, 연구자는 국가별로 적정 수준의 표본을 추출해야 할 것이다. 이와 같은 경우, 추출되어야 할 표본크기가 현실적으로 불가능한 경우가 발생할 수 있다. 이러한 문제는 층이 다양한 각도에서 구성될 경우, 가령 출신국가-성별-지역에 따른 층이 구성될 경우에 표본크기는 기하급수적으로 증가하게 되어 조사를 불가능하게 만들 수 있다.

현재까지 논의된 확률적 표본추출 방법은 모집단 구성원 전체의 명부, 즉 표집틀(sampling frame)이 존재하는 경우의 표본추출 방법이다. 그렇지만 정치학의 연구대상 중 표집틀이 존재하지 않거나 표집틀을 통한 표본추출이 현실적으로 불가능한 경우가 빈번히 발생한다. 예를 들어, 연구주제가 불법이민자의 노동 실태, 대통령 선거 예측조사, 초등학생 학교폭력 실태 조사 등일 경우, 모집단의 표본틀이 존재하지 않거나, 존재하더라도 이를 통한 표본추출이 현실적으로 어려운 경우가 많다. 이때 사용될 수 있는 방법으로 군집 추출방법, 다단계 군집 추출방법 등이 있다.

군집 추출방법(cluster sampling)은 군집(cluster)을 무작위로 선출한 후, 해당 군집에서 무작위적 추출방법을 통해 표본을 추출하는 방법이다. 일반적으로 지역이 군집의 단위가 된다. 군집 추출방법은 여러 단계의 과정을 거쳐 표본이 추출되기 때문에 다단계 추출방법(multistage sampling)이라 불리기도 한다.

가령 대한민국 전체 대학교를 대상으로 재학생의 대통령 선호도 조사를 진행한다고 가정하자. 군집 추출방법의 과정은 다음과 같다.

1단계: 17개 시·도 중 5개의 시·도를 무작위로 선출한다.

2단계: 선출된 5개 시·도 각각에서 10개의 대학교를 무작위로 선출한다.

3단계: 선출된 각 대학교에서 단과대학 10개를 무작위로 선출한다.

4단계: 표본들이 존재하는 각 단과대학에서 요구되는 표본크기에 따라 재학생을 무작위로 표본을 선출한다.

모집단을 여러 개의 집단으로 구분하여, 해당 집단 내에서 표본을 추출한다는 점에서 군집 추출방법은 층화 추출방법과 유사하다. 그렇지만 층화 추출방법은 분류된 집단 모두에서 표본이 추출되지만, 군집 추출방법은 분류된 집단 일부분이 표본의 대상이 된다는 점에서 차이가 있다. 이러한 차이점은 각 방법의 전제에서 비롯된다. 층화 추출방법은 분류된 집단 간에는 이질성이 존재하지만, 집단 내 구성원들은 동질적인 것으로 전제한다. 반면, 군집 추출방법은 집단 간은 이질적이지 않고, 집단 내 구성원들은 이질적인 것으로 전제하고 있다(김해동 1992, 273쪽).

그러나 군집 추출방법의 전제인 집단 간 동질성의 전제가 의심되는 경우가 있다. 예를 들어, 서울특별시, 경상북도, 전라남도를 구성원 측면에서나 지역경제 측면에서 동질적인 군집으로 간주하기 어렵다. 이러한 경우 사용될 수 있는 확률적 표본추출 방법은 층화군집 추출방법 등이다.

층화군집 추출방법(stratified cluster sampling)은 층화 추출방법과 군집 추출방법이 결합된 형태로서 집단 간 이질성이 의심되는 층을 선별한 후, 각 층 내에서 군집 추출방법을 통하여 표본을 추출한다. 예를 들어, 17개 시·도를 대상으로 대학생 대통령 선호도 조사를 실시한다고 가정하자. 층화군집 추출방법의 적용 과정은 다음과 같다.

1단계: 17개 시·도를 지역주의 성향이 유사한 층으로 구분한다. 예를 들어, 영남/호남/기타.

2단계: 각 층에서 2개 시·도를 무작위로 선별한다.

3단계: 선별된 6개 시·도 각각에서 10개의 대학교를 무작위로 선출한다.

4단계: 선출된 각 대학교에서 단과대학 10개를 무작위로 선출한다.

5단계: 표본들이 존재하는 각 단과대학에서 요구되는 표본크기에 따라 재학생을 무작위로 선출한다.

층화군집 추출방법은 모집단에 대한 표본틀이 존재하지 않거나, 존재한다고 할지라도 모집단이 너무나 광범위하여 단순 무작위적 또는 체계적인 표본추출 방법이 현실적으로 불가능할 때 주로 사용된다.

| 제6장 | 기술통계

통계는 주어진 표본의 속성을 요약하고, 발견된 속성이 모집단에서도 그러한지를 유추하는 데 활용할 수 있다. 전자의 역할은 기술통계(descriptive statistics)라고 불리며, 후자의 역할은 유추통계(inferential statistics)라 불린다. 본 장은 기술통계에 포함되는 기법을 설명하는 데 초점을 두고자 한다. 유추통계 기법들은 이어지는 제7장, 제8장, 제9장에서 설명된다. 기술통계 기법들은 분석하는 변수의 수가 한 개인 경우(일변량 분석), 두 개인 경우(이변량 분석), 세 개 이상인 경우(다변량 분석)에 따라 구분된다.

제1절_일변량 분석

일변량 분석은 한 개 변수의 분포에 대한 요약치를 제공하는 분석이다. 한 개의 변수에 대한 분포는 중심경향(central tendency), 분산(dispersion), 그리고 빈도(frequency) 요약치로 표현될 수 있다.

1. 중심경향에 대한 요약치

분포의 대표적인 값을 제시해 주는 중심경향 요약치는 산술적 평균을 의미하는 평균(mean), 관측값의 중간 값을 의미하는 중앙치(median), 그리고 가장 빈번하게 발생하는 값을 의미하는 최빈값(mode) 등이 있다. 평균은 모든 관측값의 값을 합한 후, 관측값의 개수로 나눈 값($\overline{X}=\frac{\sum_{i=1}^{n}X_i}{n}$)을 의미한다. 또는 관측값이 집단을 형성하고 있는 경우 $\overline{X}=f_1\overline{X_1}+f_2\overline{X_2}$이다($f$는 집단의 비율을 의미한다).[18)]

평균은 저울에 있어서 양쪽이 균형을 이룰 수 있게 하는 무게중심으로 이해될 수 있다. 따라서 저울의 한쪽에 큰 숫자가 존재한다면, 평균은 큰 숫자에 의하여 심각하게 변화될 수 있다. 이와 같이 표본의 분포 상에 큰 숫자가 존재하면, 평균은 큰 숫자가 존재하는 방향으로 이동하게 된다. 예를 들어, 〈그림 6.1〉 A에 제시된 바와 같이, 우측 편에 큰 숫자가 존재할 경우 평균은 오른쪽으로 이동하며, 우측으로 긴 꼬리가 이어진다. 또는 〈그림 6.1〉 B에 제시된 바와 같이, 좌측 편에 큰 숫자가 존재할 경우, 평균은 왼쪽으로 이동하며 좌측으로 긴 꼬리가 이어진다.

〈그림 6.1〉 중심경향에 관한 요약치

---

18) $\overline{X}=\frac{\sum_{i=1}^{n}X_i}{n}=\frac{n_1\overline{X_1}+n_2\overline{X_2}}{n_1+n_2}=\frac{n_1\overline{X_1}}{n_1+n_2}+\frac{n_2\overline{X_2}}{n_1+n_2}=f_1\overline{X_1}+f_2\overline{X_2}$

그렇지만 중앙치와 최빈값은 극단적인 값에 영향을 거의 받지 않는다. 중앙치(median)는 관측값을 반으로 나누는 값으로, 중앙치를 중심으로 하위에 반수가 위치하며 상위에 나머지 반수가 위치한다. 예를 들어, 관측값의 개수가 홀수이면, 중앙치는 순서에 따라 나열된 관측값들의 중간에 위치한 값이다. 즉 관측값이 1, 2, 3, 4, 5인 경우, 중앙치는 3이다. 만약 관측값의 개수가 짝수이면, 중앙치는 중앙에 해당하는 두 개 값의 평균값이다. 즉 관측값이 1, 2, 3, 4, 5, 6인 경우, 중앙치는 3.5에 해당한다.

중앙치는 관측값에 극단적인 값이 존재할지라도 큰 영향을 받지 않는다. 예를 들어, (1, 2, 3, 4, 5, 6) 조합에 100이라는 극단적인 값이 삽입된다고 할지라도, 중앙치는 3.5에서 4로 이동할 뿐이다. 그렇지만 평균의 경우, (1, 2, 3, 4, 5, 6) 조합에 100이 추가될 경우 4.2에서 20.2로 변화하여, 중심적 경향을 제시하는데 큰 차이를 보이게 된다.

최빈값 역시 극단적 값의 존재에 의하여 거의 영향을 받지 않는다. 최빈값(mode)은 가장 빈번한 값을 의미한다. 예를 들어, 관측값이 (1, 2, 2, 3, 3, 3, 4, 4, 5)라면 최빈값은 가장 빈도수가 높은 3이다. 따라서 (1, 2, 2, 3, 3, 3, 4, 4, 5) 조합에 100이라는 극단적인 값이 삽입된다고 할지라도, 최빈값은 여전히 3을 유지한다.

그렇다면 표본의 중심경향을 나타내는 요약치로서 어떠한 요약치가 가장 적합한가? 극단적인 값에 의한 영향력을 고려한다면, 최빈값 〉 중앙치 〉 평균으로 그 적합도를 평가할 수 있을 것이다. 그렇지만 이러한 평가는 최빈값이 정보를 가장 낮게 활용하고 있다는 점에서 적절하지 않은 평가이다. 즉 최빈값은 변수가 가지고 있는 속성 중 범주의 속성만을 이용하여 중심경향을 표현하는 요약치이다. 반면, 중앙치는 변수가 가지고 있는 속성 중 범주와 순위라는 두 가지 속성을 이용한 요약치이며, 평균은 범주, 순위, 그리고 순위 간의 간격이 등간이라는 속성을 모두 이용한 요약치이다. 따라서 평균의 경우 분포의 중심적 경향을 나타냄과 동시에 평균 수치 자체가 특정한 의미를 지니고 있다. 반면 중앙치와 최빈값은 상대적 순위 또는 범주만을 표시할 뿐 요약치의 숫자 자체가 지니는 의미가 없다. 이러한 기준에서 볼 때, 적합한 요약치는 평균 〉 중앙치 〉 최빈값이라고도 생각할 수 있다. 또한 〈그림 6.2〉와 같이 분포도가 이봉분포(bimodal distribution)이거나 삼봉분포(trimodal distribution)일 경우, 중심경향을 나타내는 요약치로서 최빈값은 적절한 요약치로 한계가 있다.

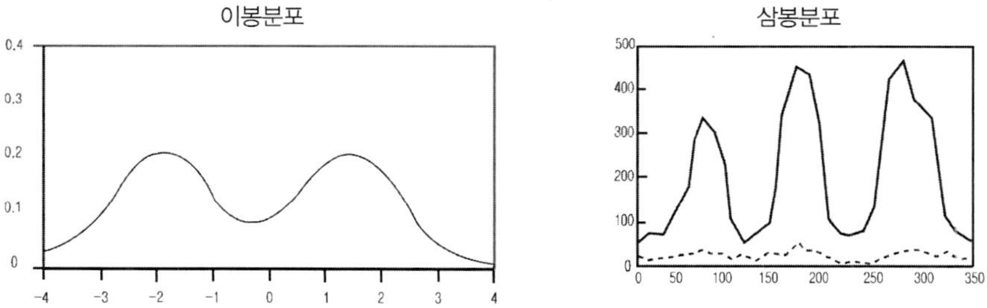

〈그림 6.2〉 분포에 따른 중심경향 요약치

물론 분포 상에 극단적인 값이 존재하지 않고 분포가 정규분포인 경우, 평균, 중앙치, 그리고 최빈값은 하나의 지점으로 수렴된다. 따라서 어떠한 요약치를 사용해도 중심경향을 표현하는 데 차이가 없다. 그렇지만 분포 상에 극단적인 값이 존재할 경우 또는 분포가 정규분포가 아닌 경우에는 중심경향을 표현할 요약치를 선택할 필요가 있다.

중심경향 요약치에 대한 선택은 연구목적에 따라, 측정되는 변수의 수준에 따라 결정될 수 있다(Frankfort-Nachmias and Nachmias 2000, pp. 333-334).

연구목적이 한국의 임금수준과 같이, 요약치가 실질적인 의미를 지니는 것이어야 한다면, 평균이 적절한 요약치가 될 수 있다. 또는 연구목적이 대통령 업무수행 능력과 같이 특정 지역의 극단적인 의견이 반영되지 않아야 된다면, 중앙치가 적절한 요약치가 될 수 있다. 한국의 지역별 경제수준과 같이 특정한 지역의 중심경향을 파악하려면, 최빈값이 대표적인 요약치가 될 수도 있다.

또한 중심경향 요약치는 측정되는 변수의 수준에 따라 결정되어야 한다. 왜냐하면 평균은 측정되는 변수의 수준이 등간척도 이상을 요구하며, 중앙치는 순서척도 이상을 요구하고, 최빈값은 명목척도 이상의 수준을 요구하고 있기 때문이다. 달리 이야기하면, 최빈값은 모든 수준의 변수에서 사용될 수 있으나, 중앙치는 순서척도 이상의 변수에서만 사용될 수 있고, 평균은 등간척도 이상의 변수에서만 사용될 수 있다. 이를 정리하면, 〈표 6.1〉과 같다.

〈표 6.1〉 중심경향 요약치의 적용 가능성

	최빈값	중앙치	평균
명목척도	가능		
순서척도	가능	가능	
등간척도	가능	가능	가능

2. 분산에 대한 요약치

중심경향에 대한 요약치는 분포의 가장 대표적인 값을 제시해 준다. 그렇지만 중심경향에 대한 요약치 하나로서 분포의 모양을 요약하기에는 한계가 있다. 예를 들어, 똑같은 중심경향 요약치(가령 평균)를 중심으로 분포가 밀집되어 있을 수도 있으며, 상당히 균일한 형태로 흩어져 있을 수도 있다. 따라서 변수에 대한 분포를 적절하게 표현하기 위해서는 중심경향 요약치를 중심으로 분포가 어느 정도로 흩어져 있는지를 보여 주는 요약치가 필요하다. 이와 같은 요약치는 분산 요약치(measurers of dispersion)라고 불리는데, 일반적으로 범위(range), 범위의 특별한 유형인 사분위 범위(interquartile range), 표준편차(standard deviation) 등이 사용된다.

범위(range)는 분포의 최댓값과 최솟값 간의 차이를 의미한다. 가령 관측값이 (10, 20, 30, 40, 50, 60, 70, 80, 90, 100, 110, 120)일 경우, 범위는 (120 − 10)의 값인 110이 된다. 범위를 계산하기 위해서는 관측값이 나열되어야 하므로, 측정되는 변수의 수준이 최소한 순서변수일 것을 요구한다.

범위는 분포를 손쉽게 파악할 수 있게 하는 장점이 있지만, 단지 두 개의 관측값만을 이용함으로써 최솟값 또는 최댓값의 변화에 민감하게 반응할 수 있다. 예를 들어, 앞의 예에서 하나의 관측값(가령 1000)이 추가될 경우, 범위는 110에서 990으로 증가하게 된다. 이러한 문제에 대한 대안으로서 사분위 범위가 있다.

사분위 범위(interquartile range, 이하 IQR)란 관측값을 네 등분하여, 분포의 75%에 해당하는 관측값에서 25%에 해당하는 관측값을 제한 값이다. 이때 관측값들의 순서에서 25%에 해당하는 관측값은 하위 사분위(lower quartile) 또는 Q_{25}라고 하며, 50%에 해당하는 관측값을 중앙치 또는 Q_{50}라고 하고, 75%에 해당하는 관측값은 상위 사분위(upper quartile) 또는 Q_{75}라고 한다. 〈그림 6.3〉에 제시된 바와 같이, Q_{25}에 해당하는 관측값 하단에는 관측값들의 25%가 존재하며, Q_{75}에 해당하는 관측값 하단에는 관측값들의 75%가 존재한다. 따라서 IQR이란 분포의 극단적인 값을 배제한 $Q_{75} - Q_{25}$ 의 값으로 이해될 수 있다.[19]

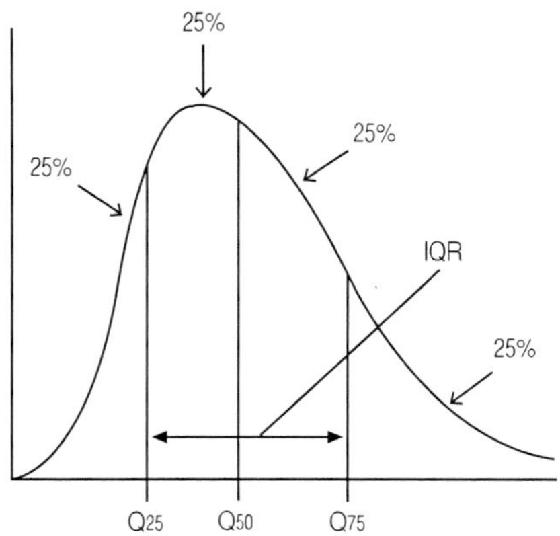

〈그림 6.3〉 사분위 범위

Q_p를 계산하는 공식은 다양하나, 이 책에서 사용하고 있는 통계 프로그램 Stata는 다음과 같은 공식으로 Q_p를 계산하고 있다.

$$x_i = n\frac{p}{100}$$

$$Q_p = \begin{cases} \dfrac{x_{(i)} + x_{(i+1)}}{2} & x_i \text{ 값이 정수와 소수점일 경우} \\ x_{(i)} & x_i \text{ 값이 정수만 있을 경우} \end{cases}$$

Q_p란 찾고자 하는 분위를 의미하며, n은 표본크기, p는 찾고자 하는 분위, x는 관측값, i는 순번이다. 예를 들어, 표본크기가 100이고, 찾고자 하는 분위가 25번째일 경우, x_i는 $25(=100\frac{25}{100})$이고, 이 순번에 해당하는 값이 Q_{25}이 된다. 만약 x_i가 소수점을 동반할 경우(예를 들어 표본크기가 30일 경우, x_i는 7.5),

19) IQR를 단위로 한 용어가 있어 소개한다. 바깥점(outlier)은 Q_{25}보다 1.5IQR 낮은 관측값 또는 Q_{75}보다 1.5IQR 높은 관측값으로서, 분포상 예외적인 관측값을 의미한다.

정수에 해당하는 순번(즉 7)의 관측값과 올림했을 때 순번(즉 8)에 해당하는 관측값 간의 평균이 Q_{25}이 된다.

예를 들어 보자. 관측값의 조합을 (10, 20, 30, 40, 50, 60, 70, 80, 90, 100, 110, 120)이라고 하자. 연구자가 Q_{25}를 찾고자 할 경우, x_i가 $3\,(=12\frac{25}{100})$이다. 따라서 x_i는 3번째에 해당하는 30이다. Q_{50}의 경우, x_i는 $6\,(=12\frac{50}{100})$이다. 따라서 Q_{50}는 6번째에 해당하는 60이다. 끝으로 Q_{75}의 경우, x_i는 $9(=12\frac{75}{100})$이다. 따라서 Q_{75}는 9번째에 해당하는 90이다. Q_{25}, Q_{50}, Q_{75}의 경우, 특별히 Q_1, Q_2, Q_3라고 불린다. 따라서 이 조합의 IQR은 $Q_3 - Q_1$, 즉 $90 - 30$인 60이 된다.

IQR은 극단적인 값들에 의하여 분포의 분산이 민감하게 바뀌는 것을 일정 정도 차단해 줄 수 있다. 그렇지만 범위 중 하나인 IQR이 여전히 두 개의 관측값만을 이용하여 분산을 측정한다는 점에서 분포의 일부분을 측정할 가능성은 여전히 존재한다. 또한 IQR은 특정한 기준점을 중심으로 분산을 측정하는 기법이 아니므로, 분석되는 대상이 여러 개일 경우, 이들 간의 비교를 어렵게 한다는 단점을 지니고 있다(Frankfort-Nachmias and Nachmias 2000, pp. 338-339). 예를 들어, 빈부격차를 파악하는 데 IQR을 이용할 경우, 미국의 IQR 500달러와 인디아에서의 IQR 500달러는 수치적으로 같지만 실질적 의미에서 차이가 있을 것이다. 따라서 분포의 분산을 요약하는 데 있어 기준점의 필요성이 부각된다. 이러한 필요성을 충족시키는 분산 요약치로서 편차가 있다.

편차(deviation)란 평균값을 기준점으로 관측값들이 떨어져 있는 정도를 의미한다. 편차를 파악하는 가장 간단한 방식은 평균으로부터 각 관측값이 떨어진 정도를 계산하는 것이다. 이를 공식화하면, 〈공식 6.1〉과 같다.

$$\sum_{i=1}^{n}(X_i - \overline{X}) \qquad \text{공식 6.1}$$

관측값은 1부터 n까지 존재하며, 관측값의 순서는 i로서 표시된다. 관측값 X의 평균은 $\overline{X}$이다.

그렇지만 이와 같은 방식의 편차에는 근본적인 문제점이 있다. 즉 편차의 합은 항상 '0'이 되기 때문이다. 이 문제를 해결하기 위하여, 다양한 방법들이 소개되어 왔다. 예를 들어, 편차에 절댓값을 취하는 방법($|X_i - \overline{X}|$), 편차에 제곱을 취하는 방법($(X_i - \overline{X})^2$) 등 다양한 방법을 통하여 편차의 문제점을 근본적으로 해결하고자 했다. 이러한 방식 중 광범위하게 쓰이는 방식이 편차에 제곱을 취하는 방식이다.

그렇지만 편차에 제곱을 취하는 방식은 두 가지 문제점이 존재한다. 첫 번째 문제점은 관측값 개수가 많아질수록 분산의 수치가 자동적으로 커진다는 점이다. 따라서 관측값의 개수가 커질수록 분포가 널리 퍼져 있다는 착오를 일으킬 가능성이 커지게 된다. 두 번째 문제점은 이 방식이 본래의 값에 제곱을 취한 것이기 때문에 본래의 흩어짐이 제곱되어 나타내는 경향이 있다는 것이다. 이러한 문제점을 해소하기 위하여 다양한 해결책이 제시되었으나, 가장 보편적인 방식은 $\sum_{i=1}^{n}(X_i - \overline{X})^2$ 을 관측값 전체 개수(N)로 나눈 후 제곱근을 취하는 방식이다. 이에 따라 〈공식 6.1〉은 〈공식 6.2〉로 재정리되며, 〈공식 6.2〉는 표준편차(standard deviation)로 불린다.

$$\sqrt{\frac{\sum_{i=1}^{n}(X_i - \overline{X})^2}{N}}$$

공식 6.2

만약 관측값이 모집단에 대한 관측값이 아닌, 표본에 대한 관측값일 경우 분모는 N이 아닌 $n-1$이 사용된다.

$$\sqrt{\frac{\sum_{i=1}^{n}(X_i - \overline{X})^2}{n-1}}$$ 공식 6.3

분포의 분산을 측정하는 요약치 중 하나인 표준편차는 다음과 같은 속성을 지니고 있다.

1) 표준편차 ≥ 0
2) 관측치 값이 모두 동일할 시, 표준편차 = 0
3) 관측치 값이 평균으로부터 더 넓게 분포되어 있을수록, 표준편차 값은 증가한다.
4) 관측치 값의 단위가 변화할 시, 표준편차 값도 변화한다.

표준편차는 평균으로부터 거리에 제곱을 취한 값을 다시 제곱근을 취하였기 때문에 항상 0보다 크거나 같다. 표준편차 값이 0이 되는 환경은 모든 관측치 값이 동일한 경우이다. 반면, 관측값이 평균으로부터 떨어져 있을수록, 즉 분포가 평균으로부터 넓게 분포되어 있을수록 표준편차 값은 증가한다. 또한 표준편차는 관측치 값의 단위가 변화할 때, 표준편차 값도 따라서 변화한다(생각해보기: 관측치 값의 단위가 100배 증가할 때, 표준편차의 변화는?)

표준편차의 네 번째 속성은 평균이 상이한 집단 간의 비교를 어렵게 한다. 예를 들어, 10점 만점인 A 고등학교의 모의고사 표준편차와 100점 만점인 B 고등학교의 모의고사 표준편차 간에 직접적인 비교가 어렵다. 이와 같은 문제점을 해소하기 위한 방법 중 하나로서 변이계수(coefficient of variation)가 있다(Frankfort-Nachmias and Nachmias 2000, pp. 341-342). 변이계수의 공식은 〈공식 6.4〉와 같다.

$$변이계수 = \frac{표준편차}{\overline{X}}$$ 공식 6.4

변이계수는 평균을 분모로 사용하여 표준편차를 표준화시킴으로써 집단 간의 표준편차 비교를 시도하고 있다. 현재까지의 분산 요약치를 정리하면, 〈표 6.2〉과 같다.

〈표 6.2〉 분산 요약치의 적용 가능성

	범위	사분위	표준편차
명목척도	막대 그래프를 통하여 가능	-	-
순서척도	가능	가능	-
등간척도	가능	가능	가능

현재까지의 논의는 Stata 프로그램을 통하여 구현될 수 있다. 먼저 Stata 상에서 중심경향 요약치와 분산 요약치를 파악하는 방법을 살펴보자. 데이터는 {(1), (2, 2), (3, 3, 3), (4, 4, 4, 4), (5, 5, 5, 5, 5), (6, 6, 6, 6, 6), (7, 7, 7, 7), (8, 8, 8), (9, 9), (10)}의 조합이다(Stata로 따라 해 보기 참조).

3. 빈도분석과 그래프

표본에 대한 분포는 중심경향과 분산과 같은 요약치를 통해 제시될 수 있을 뿐만 아니라, 빈도분석, 그래프 등과 같은 형태로도 제시될 수 있다. 먼저 빈도분석의 경우를 살펴보자. 빈도분석은 각 범주의 빈도수를 통하여 분포의 모양을 파악하는 방법이다. 빈도분석은 도수분포표에 기반을 두어 분석된다.

도수분포표(frequency distribution table)는 범주형 변수에 있어서 각 범주의 빈도를 나타낸 표로서 각 범주에 있어 빈도수가 어떻게 변화되는지를 파악할 수 있게 한다. 나아가 빈도의 변화를 상대적 관점에서 파악할 수 있도록, 전체에서 각 범주가 차지하는 비율의 형태로 도수분포표를 조정할 수 있다. 이러한 도수분포표는 상대도수분포표(relative frequency distribution)라고 불린다.

예를 들어, 앞서 논의한 {(1), (2, 2), (3, 3, 3), (4, 4, 4, 4), (5, 5, 5, 5, 5), (6, 6, 6, 6, 6), (7, 7, 7, 7), (8, 8, 8), (9, 9), (10)} 조합을 도수 및 상대도수분포로 표현하면, 〈표 6.3〉과 같다(Stata로 따라 해 보기 참조).

〈표 6.3〉 도수 및 상대도수분포표

범주	빈도	비율
1	1	3.33
2	2	6.67
3	3	10.00
4	4	13.33
5	5	16.67
6	5	16.67
7	4	13.33
8	3	10.00
9	2	6.67
10	1	3.33
합계	30	100.00

〈표 6.3〉에 제시된 바와 같이, '1' 범주의 빈도수는 한 개이며, '2' 범주의 빈도수는 두 개이며, '3' 범주의 빈도수는 세 개 등이다. 이와 같은 빈도수는 관측값의

전체 개수인 30에 대한 상대적 비율로도 제시될 수 있다. 예를 들어, '1' 범주의 상대적 퍼센트는 3.33%이며, '2' 범주의 상대적 퍼센트는 6.67%, '3' 범주의 상대적 퍼센트는 10.00%로 나타낼 수 있다. 이와 같은 도수분포표 또는 상대도수분포표를 통하여, 표본의 분포가 '5'와 '6'을 중심으로 한 정규분포임을 알 수 있으며, 최솟값은 '1', 최댓값은 '10'인 것을 알 수 있다.

표본의 분포를 시각적으로 가장 극명하게 보여 줄 수 있는 방법은 그래프를 통한 방법이다. 그래프를 통한 방법은 다양하게 존재하지만, 이 책에서는 그중 막대 그래프, 히스토그램, 파이차트, 박스 그래프, 줄기-잎 그래프에 대하여 설명하고자 한다.

〈그림 6.4〉에 제시된 바와 같이, 막대 그래프(bar graph)는 명목척도 또는 순서척도의 변수에 사용되는 그래프로서, 각 범주의 상대적 빈도 또는 비율을 표시해 준다. 히스토그램(histogram)은 막대 그래프와 유사한 그림이나, 사용되는 변수의 척도가 등간척도 이상으로서 연속변수(continuous variable)에 사용된다. 파이차트(Pie chart)는 각 범주에 해당하는 빈도수와 상대적 비율을 파이의 조각으로서 표현해 주는 그래프이다. 박스 그래프(box-plot)는 박스의 형태로서 평균과 중앙치, 사분위와 최소 및 최댓값을 표현해 주는 그래프이다. 끝으로 줄기-잎 그래프(stem and leaf plot)는 마치 줄기/잎과 같은 형태로서 주요 단위를 줄기로서 앞에 제시해 주고, 마지막 단위는 잎의 형태로서 줄기 옆에 제시해 주고 있다. 줄기-잎 그래프는 분포의 모양과 더불어 구체적인 수치를 제공해 준다는 장점을 지니고 있지만, 다른 그래프와 달리 파일의 형태로서 저장할 수 없다는 단점을 지니고 있다. 〈표 6.3〉의 데이터를 그래프로 그리면, 〈그림 6.4〉와 같다(Stata로 따라 해 보기 참조).

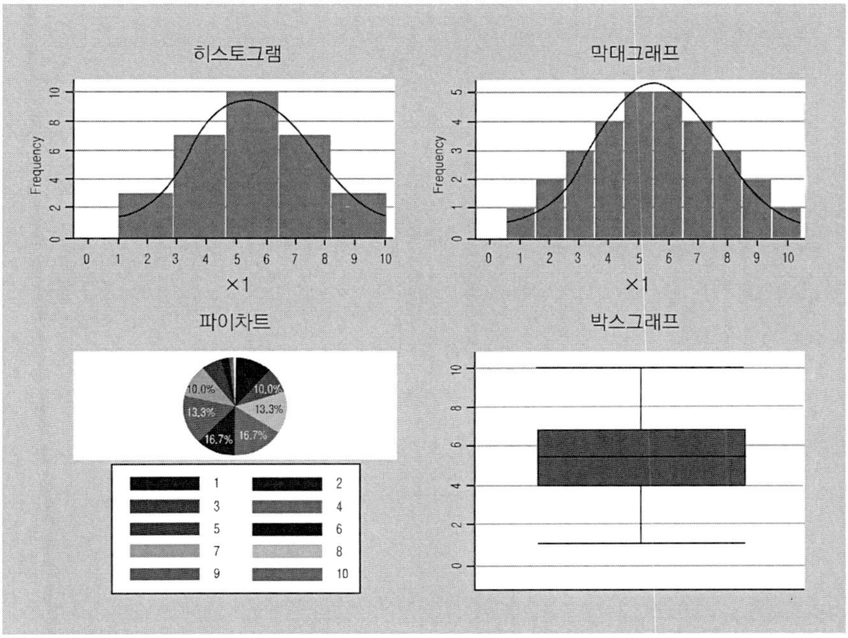

〈그림 6.4〉 그래프를 통한 일변량 분석

제2절_이변량 및 다변량 분석

일변량 분석이 하나의 변수에 대한 분포를 파악하는 데 목적이 있다면, 이변량 분석(bivariate analysis)은 두 변수 간의 관계를 파악하는 데 목적이 있다. 나아가 다변량 분석(multivariate analysis)은 하나 이상의 변수가 통제된 상태에서 두 변수 간의 관계를 파악하는 데 목적이 있다. 본 절은 이변량 분석에 사용되는 기법 중 교차분석, 평균비교 분석, 그리고 그래프를 통한 분석에 초점을 두고 있다.

1. 교차분석

교차분석(crosstabulation)은 두 개 혹은 그 이상의 변수에 대한 결합분포를 통하여 두 변수 간의 관계를 파악하는 방법이다. 교차분석은 명목척도, 순서척도와 같은 범주형 변수(categorical variable)에 주로 사용된다. 예를 들어, 출신지역과 정당일체감, 대통령 선호도와 국회의원 후보자 선택 등은 교차분석을 통하여 두 변수 간의 관계를 파악할 수 있다.

교차분석은 결합분포를 나타내는 분할표(contingency table)를 작성하는 것으로 시작된다. 즉 한 변수의 범주와 다른 변수의 범주가 결합된 칸들의 비율을 표시한 후, 이들 비율들의 변화를 통하여 두 변수 간의 관계를 파악하고 있다. 가령 출신지역과 선호 정당으로 측정된 정당일체감 간의 관계는 〈표 6.4〉와 같은 분할표로 작성될 수 있다(Stata로 따라 해 보기 참조).

〈표 6.4〉 출신지역과 정당일체감

<table>
<tr><th colspan="2" rowspan="2"></th><th colspan="5">출신지역</th></tr>
<tr><th>호남</th><th>영남</th><th>충청</th><th>기타</th><th>합계</th></tr>
<tr><td rowspan="5">정당일체감</td><td>새누리당</td><td>5
(9.1)</td><td>72
(67.9)</td><td>20
(54.1)</td><td>59
(58.4)</td><td>156
(52.2)</td></tr>
<tr><td>민주통합당</td><td>45
(81.8)</td><td>16
(15.1)</td><td>11
(29.7)</td><td>31
(30.7)</td><td>103
(34.5)</td></tr>
<tr><td>자유선진당</td><td>0
(0.0)</td><td>0
(0.0)</td><td>2
(5.4)</td><td>0
(0.0)</td><td>2
(0.7)</td></tr>
<tr><td>통합진보당</td><td>4
(7.3)</td><td>14
(13.2)</td><td>2
(5.4)</td><td>8
(7.9)</td><td>28
(9.4)</td></tr>
<tr><td>기타 정당</td><td>1
(1.8)</td><td>4
(3.8)</td><td>2
(5.4)</td><td>3
(3.0)</td><td>10
(3.3)</td></tr>
<tr><td colspan="2">합계</td><td>55
(100.0)</td><td>106
(100.0)</td><td>37
(100.0)</td><td>101
(100.0)</td><td>299
(100.0)</td></tr>
</table>

* 괄호 안은 퍼센트.

〈표 6.4〉는 출신지역에 따라 선호하는 정당의 빈도수와 퍼센트를 나타낸 분할표이다. 예를 들어, 설문 응답자 중 호남지역 출신 응답자는 총 55명이고, 이 중 새누리당을 선호하는 응답자는 5명, 민주통합당을 선호하는 응답자는 45명 등이다. 이를 퍼센트로 환산하면, 호남지역 출신 중 새누리당 선호자는 9.1%, 민주통합당 선호자는 81.8%에 해당된다.

두 변수 간의 관계는 〈표 6.4〉와 같은 분할표를 통하여 추정이 가능하다. 즉 제시된 가설이 출신지역에 따른 정당일체감의 변화라면, 출신지역에 다라 정당일체감의 비율 변화를 살펴봄으로써 이들 간의 관계를 추정할 수 있다. 예를 들어, 호남지역 출신자 중 새누리당 선호 응답자는 9.1%이지만, 영남지역 출신자 중에서는 새누리당 선호 응답자가 67.9%로서 그 비율이 상당히 높았다. 이와 같은 비율은 다른 지역출신자, 예를 들어 충청지역 출신자 54.1%, 그리고 기타 지역 출신자 58.4%에 비해서도 높았다.

이와 유사한 현상은 민주통합당 선호 응답자에서도 나타났다. 예를 들어, 호남지역 출신 응답자 중 민주통합당 선호자는 81.8%로서 다른 지역 출신자 중 민주통합당을 선호하는 비율에 비하여 월등히 높았다(영남지역 출신자 중 15.1%, 충청지역 출신자 중 29.7%, 그리고 기타 지역 출신자 중 30.7%가 민주통합당을 선호했음). 한편 자유선진당의 경우 응답자의 빈도수가 너무 작아서 판단하기 어려우며, 기타 정당의 경우에는 출신지역에 따라 선호 정당이 연동되지 않고 있었다. 따라서 분할표를 통하여 출신지역과 정당일체감을 분석해 보면, 이들 간의 관계는 새누리당과 민주통합당에 한정지어 나타나는 것으로 추정해 볼 수 있다.

그렇지만 출신지역과 정당일체감의 관계는 허위관계(spurious relationship)일 수 있다. 즉 출신지역과 정당일체감에 보이는 관계가 사실은 연령과 같은 제3변수에 의하여 만들어진 허위(虛僞)된 관계일 수도 있다(생각해 보기: 허위관계의 조건에 비추어 볼 때, 이러한 주장이 적절할까?[20]). 따라서 연령을 통제한 상태에서 출신지역과 정당일체감의 관계를 검증할 필요성이 있다. 즉 통제된 상태에서 두 변수 간의 관계가 검증되어야 할 경우가 있으며, 이러한 분석을 다변량 분석(multiple analysis)이라고 부른다.

다변량 분석은 한 개 이상의 변수를 통제한 상태에서 두 변수 간의 관계를 분석하는 것이다. 이때 '통제'란 독립변수 및 종속변수에 영향을 미칠 것으로 예상되는 제3변수의 영향력을 배제한 상태를 의미한다. 즉 '제3변수의 영향력이 제외된 독립변수'가 '제3변수의 영향력이 제외된 종속변수'에 미치는 영향력으로 통제의 의미가 이해될 수 있다(Gujarati 1995, pp. 195-197). 예를 들어, 출신지역과 정당일체감 간의 관계에 영향을 미칠 수 있는 제3변수로 연령이 제기된 경우, 연령이 출신지역에 미치는 영향력, 그리고 연령이 정당일체감에 미치는 영향력이 배제된 상태에서 출신지역과 정당일체감의 관계를 분석하는 것을 의미한다. 이러한 맥락에서, 다변량 분석을 통하여 제시된 독립변수가 종속변수에 미치는 영향력은 '제3변수가 상수화된 이후'의 영향력으로 이해될 수 있다.

다른 변수의 영향력을 '상수화'시키는 방식으로 각 범주별로 독립변수와 종속변수 간의 관계를 파악하는 방법이 있다. 이러한 이유로 다변량 분석은 제3변수의 '각 범주'에서 주요 독립변수와 종속변수 간의 관계를 파악하는 방식으로 이해되기도 한다(Agresti and Finlay 1997, pp. 359-360). 가령, 연령을 여러 연령대(예를 들어 19세 및 20대, 30대, 40대 등)로 나누어, 각 범주에서 출신지역과 정당일체감의 관계를 분석할 수 있다. 또는 표본에 포함된 연령의 평균에 연령변수의

20) 허위관계의 조건은 제3변수가 종속변수의 원인인 동시에 독립변수의 원인이어야 한다는 조건이다(Kmenta 1997).

값을 고정시킨 후, 출신지역과 정당일체감 간의 관계를 분석할 수 있다.[21)]

논의의 편의상 전자의 이해에 기반을 두어, 연령을 통제한 후 출신지역과 정당일체감 간의 관계를 분석해 보았다. 결과는 〈표 6.5〉에 제시되어 있다 (Stata로 따라 해 보기 참조).

〈표 6.5〉 연령대별 출신지역과 정당일체감

▲19세 및 20대

구분	호남	영남	충청	기타	합계
새누리당	0 (0.0)	1 (11.1)	0 (0.0)	5 (33.3)	6 (20.0)
민주통합당	4 (80.0)	2 (22.2)	1 (100.0)	5 (33.3)	12 (40.0)
통합진보당	0 (0.0)	4 (44.4)	0 (0.0)	3 (20.0)	7 (23.3)
기타 정당	1 (20.0)	2 (22.2)	0 (0.0)	2 (13.3)	5 (16.7)
합계	5 (100.0)	9 (100.0)	1 (100.0)	15 (100.0)	30 (100.0)

▲30대

구분	호남	영남	충청	기타	합계
새누리당	1 (9.1)	12 (60.0)	4 (44.4)	4 (23.5)	21 (36.8)
민주통합당	8 (72.7)	4 (20.0)	3 (33.3)	11 (64.7)	26 (45.6)
통합진보당	2 (18.2)	3 (15.0)	1 (11.1)	2 (11.8)	8 (14.0)
기타 정당	0 (0.0)	1 (5.0)	1 (11.1)	0 (0.0)	2 (3.5)
합계	11 (100.0)	20 (100.0)	9 (100.0)	17 (100.0)	57 (100.0)

※ 40대 이상의 결과는 생략함. 19세 및 20대, 30대에 대한 분석에서는 자유선진당 선호자가 있지 않음.
※ 괄호 안은 퍼센트.

21) 그렇지만 각 범주 내에서의 주요 독립변수와 종속변수 간의 관계 파악은 각 범주와 주요 독립변수 간의 교호작용(interaction effect)이기 때문에 올바른 방법이 아니라는 주장이 있다 (Brambor, Clark and Golder 2006).

〈표 6.5〉에 제시된 바와 같이, 19세 및 20대에서는 출신지역과 정당일체감에 뚜렷한 관계가 나타나지 않고 있다. 물론 호남지역 출신 응답자 중 80%가 민주통합당을 선호하고 0%가 새누리당을 선호하고 있지만, 영남지역 출신 응답자에서는 이와 같은 현상이 나타나지 않고 있다. 오히려 영남지역 출신 응답자 중 민주통합당을 선호하는 응답자가 22.2%로서 새누리당을 선호하는 응답자 비율인 11.1%을 넘어서고 있었다.

그렇지만 30대 이상에서는 출신지역에 따른 정당일체감이 나타나고 있었다. 〈표 6.5〉에 제시된 바와 같이, 호남지역 출신 응답자는 민주통합당을 가장 선호하고 있었으며(72.7%), 영남지역 출신 응답자는 새누리당을 가장 선호하고 있었다(60.0%). 지면이 제약된 관계로 〈표 6.5〉에는 제시되지 않았지만, 40대 이상부터는 이와 같은 관계가 더욱 뚜렷해지고 있었다.

요컨대 교차분석은 두 변수 간의 관계 또는 통제된 상태에서 두 변수 간의 관계를 파악하는 방법이다. 이러한 교차분석은 분석되는 변수 모두가 범주형 변수일 것을 요구하고 있다. 예를 들어, 출신지역(명목변수), 선호 정당(명목변수), 연령대(순서변수) 등과 같은 범주형 변수에서 교차분석이 사용될 수 있다. 따라서 분석되는 변수 중 하나가 등간척도 이상의 변수일 경우, 교차분석의 사용은 제한된다. 왜냐하면 범주형 변수의 경우, 각 범주별(예를 들어 호남지역/새누리당, 호남지역/민주통합당 등) 응답에는 동일한 반응들만이 기록되어, 이에 대한 비율을 계산할 수 있다(예/아니오). 그렇지만 분석되는 변수 중 하나가 등간척도 이상의 변수일 경우, 여러 가지 응답이 가능해진다. 예를 들어, 분석하고자 하는 관계가 연령과 정당일체감이라면, 새누리당을 선호하는 응답자의 연령, 민주통합당을 선호하는 응답자의 연령은 동일하기보다 각 범주별로 하나의 분포를 이루게 된다. 따라서 분석되는 변수가 범주형 변수와 등간척도 이상의 변수일 경우, 새로운 분석기법이 필요하게 된다. 이러한 방법 중 하나가 평균비교 분석 방법이다.

2. 평균비교 분석

평균비교 분석은 한 개의 변수가 범주형 변수(명목척도, 순서척도)이고, 다른 한 개의 변수가 등간척도 이상일 경우 사용되는 방법이다. 평균비교 분석은 각 범주에 있어 평균의 차이를 비교하는 분석기법이다. 예를 들어, 정당일체감과 연령 간의 관계, 출마 지역과 보수정당 후보자 득표율 간의 관계, 학년과 성적 간의 관계 등에 사용될 수 있다. 〈표 6.6〉은 제19대 국회의원선거에서 나타난 선호 정당별 평균 연령을 제시하고 있다(Stata로 따라 해 보기 참조).

〈표 6.6〉 선호 정당별 평균 연령

선호 정당	평균 연령(세)
새누리당	53.6
민주통합당	44.1
자유선진당	55.0
통합진보당	38.3
기타 정당	34.5

〈표 6.6〉의 첫 번째 열은 선호 정당이고, 두 번째 열은 해당 정당에 응답한 자의 평균 연령이다. 예를 들어, 새누리당을 선호하는 것으로 응답한 자의 평균 연령은 53.6세이고, 민주통합당을 선호하는 것으로 응답한 자의 평균 연령은 44.1세 등이다.

〈표 6.6〉을 통해 볼 때, 통합진보당을 선호하는 응답자의 평균 연령이 가장 낮고, 그 뒤를 민주통합당, 새누리당, 자유선진당이 뒤를 잇는다. 즉 선호 정당에 따라 연령의 차이가 나타나고 있었다. 따라서 연령과 선호 정당 간에 일정한 관계가 있다고 주장하는 세대효과론 학자들의 주장이 일부 신빙성을 보이고 있었다(정진민·황아란 1999; 이에 반하는 의견으로는 Cho and Eom 2012).

그렇지만 교차분석, 평균비교 분석 등의 분석이 표본에 대한 기술통계일 뿐 모집단으로 유추를 목적으로 하는 유추통계가 아니라는 점, 그리고 선호 정당과 정당 투표가 각각 다른 개념이라는 점에서 선호 정당에 따른 평균 연령의 차이가 그 이상으로 확대해석되어서는 안 될 것이다.

3. 그래프를 통한 분석

이변량 및 다변량 분석은 표를 통한 방법뿐만 아니라 그래프를 통한 방법으로도 가능하다. 어떤 측면에서 보면 백문불여일견(百聞不如一見)인 것처럼 숫자보다는 그래프를 통한 설명이 보다 효율적인 경우가 있다. 다양한 그래프 중 이 책은 전술한 막대 그래프/히스토그램를 이용한 방식과 선 그래프(line graph), 산점도(scatter plot)를 소개하고자 한다.

막대 그래프 및 히스토그램을 응용하여 이변량 및 다변량 분석을 할 수 있다. 전술한 바와 같이, 막대 그래프와 히스토그램의 차이는 분석되는 변수의 척도에 있을 뿐, 그래프의 모양은 크게 다르지 않다. 예를 들어, 〈표 6.6〉에서 제시된 선호 정당별 평균 연령은 〈그림 6.5〉의 형태로 제시될 수 있다(Stata로 따라 해 보기 참조).

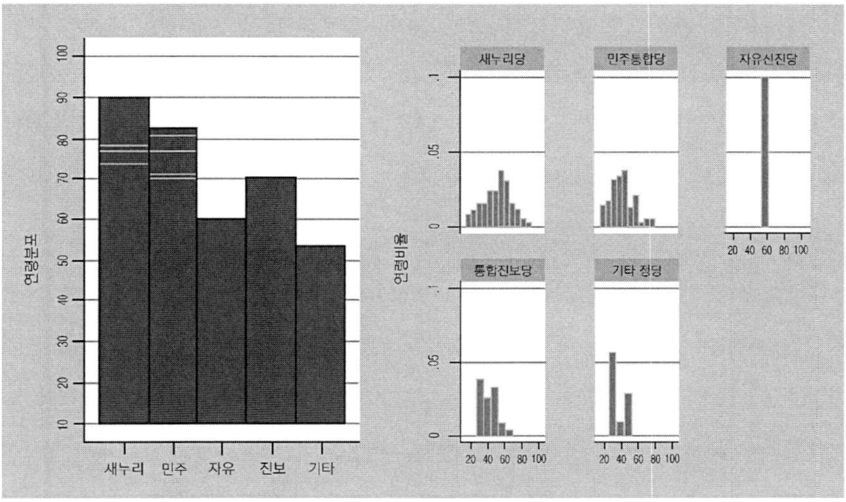

〈그림 6.5〉 막대 그래프와 히스토그램을 통한 이변량 분석

〈그림 6.5〉는 선호 정당별 연령을 표시한 그래프로서 좌측 그래프는 막대 그래프이고, 우측 그래프는 히스토그램이다. 좌측 그래프는 선호 정당의 빈도와 각 선호 정당에 따른 연령을 막대의 형태로 제시하고 있다. 예를 들어, 선호 정당의 빈도가 가장 높은 정당은 새누리당이고, 그 뒤를 이어 민주통합당, 진보정당 등이 있다. 또한 새누리당을 선호하는 응답자 중 대부분은 70세 이하이며, 80대와 90대가 다소 존재한다. 그리고 진보정당 선호 응답자 모두는 70대 이하이다.

막대 그래프를 통한 분석인 좌측 그래프는 각 선호 정당 응답자의 연령 분포가 구체적이지 않아, 선호 정당별 연령을 파악하는 데 한계가 있다. 이러한 문제점은 우측에 제시된 히스토그램이 해결해 주고 있다. 우측 그래프는 선호 정당별 연령의 분포를 보여 주고 있다. 예를 들어 새누리당 선호 응답자의 경우, 대표적인 연령대는 60대이고, 이를 중심으로 각 연령대가 대칭적 구조를 보이고 있다. 민주통합당 선호 응답자의 경우, 대표적인 연령대가 40대로 낮아지고 있으며,

60대 이상이 낮은 비율을 차지하고 있다. 통합진보당과 자유선진당 선호 응답자의 연령 분포는 대조적인 모습을 보이고 있다. 통합진보당의 경우, 대표적인 연령대는 30대이고, 60대 이상이 극히 낮은 비율을 차지하고 있다. 반면, 자유선진당 응답자 모두는 50대에 해당하는 것으로 보인다. 이처럼 선호 정당에 따른 연령 변화는 막대 그래프와 히스토그램을 통하여 시각적으로 제시될 수 있다.

두 변수 간의 관계는 선 그래프(line graph), 산점도(scatter plot) 등으로 제시될 수 있다. 선 그래프는 한 변수를 X축에 그리고 다른 한 변수를 Y축에 놓고, 두 변수 간의 조합이 변화되는 양상을 선으로 제시한 그래프이다. 산점도는 X축과 Y축에 제시된 두 변수 간의 조합을 점으로 제시한 그래프이다. 선 그래프와 산점도 그래프는 〈그림 6.6〉에 제시되어 있다(Stata로 따라 해 보기 참조).

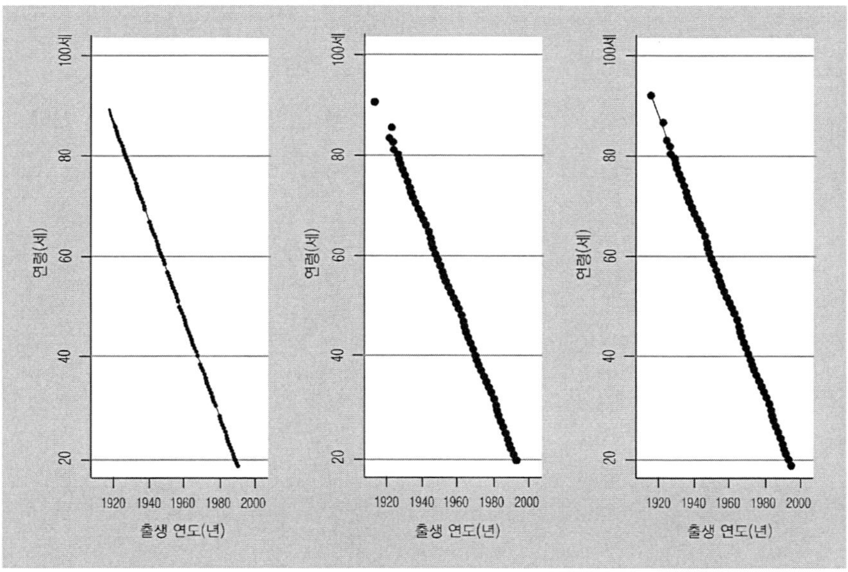

〈그림 6.6〉 선 그래프와 산점도를 통한 이변량 분석

〈그림 6.6〉은 출생 연도(X축)와 연령(Y축) 간의 관계를 그림으로 표시하고 있다. 〈그림 6.6〉의 좌측 그래프는 선 그래프, 중앙은 산점도이며, 그리고 우측 그래프는 산점도와 선 그래프를 결합한 그래프이다. 누구나 예상할 수 있듯이, 〈그림 6.6〉은 출생 연도가 높아짐에 따라 연령이 낮아지고 있음을 보여 주고 있다.

Stata로 따라 해 보기

```
use central.dta, clear

* 제1절 일변량 분석
summarize x1 /* x 변수에 대한 간단한 요약치 */

* 평균은 Mean 하단에 표시되어 있으며, 표준편차는 Std. Dev. 하단에 표시되어 있음.
summarize x1, detail /* x 변수에 대한 보다 구체적인 요약치 */

* 중앙치는 50%에 해당하는 관측값임. 사분위 값은 75%에 해당 하는 관측값에서
25%에 해당하는 관측값을 제한 값임.

* 도수분포포, 상대도수분포표, 그리고 빈도분석
tabulate x1

* 히스토그램
histogram x1, frequency xlabel(0(1)10) normal title("히스토그램")
        graph save x1hist, replace

* 막대 그래프
histogram x1, discrete frequency xlabel(0(1)10) normal title("막대 그래프")
        graph save x1bar, replace

* 파이차트
graph pie, plabel(_all percent, format(%3.1f)) over(x1) title("파이차트")
        graph save x1pie, replace

* 박스 그래프
graph box x1, title("박스 그래프")
        graph save x1box, replace
```

```
* 줄기-잎 그래프
stem x1
          graph combine x1hist.gph x1bar.gph x1pie.gph x1box.gph, col(2)
          graph export x1.emf, replace

* 제2절 이변량 및 다변량 분석
** 통제된 상태에서의 두 변수 간의 관계 파악

use central.dta, clear

* 연령이 통제된 상태에서의 출신지역과 정당일체감 분석
tabulate v11_1 region, col
gen period = 0 if pq4 >=19 & pq4 < 30 /* 20대 */
          replace period = 1 if pq4 >=30 & pq4 < 40 /* 30대*/
          replace period = 2 if pq4 >=40 & pq4 < 50 /* 40대*/
          replace period = 3 if pq4 >=50 & pq4 < 60 /* 50대*/
          replace period = 4 if pq4 >=60 & pq4 < 70 /* 60대*/
          replace period = 5 if pq4 >=70 /* 70대 이상 */
          label define periodlabel 0 "19 및 20대" 1 "30대" 2 "40대" 3 "50대" 4
"60대" 5 "70대 이상"
          label values period periodlabel

bysort period: tabulate v11_1 region, col /* 연령이 통제된 상태에서의 출신지역과
                                              정당일체감 분석 */

* 선호 정당별 평균 연령
table v11_1, c(mean pq4) format(%9.1f) /* 선호 정당별 평균 연령 */
```

```
* 그래프를 통한 분석
twoway bar pq4 v11_1, ylabel(10(10)100) ytitle("연령 분포") xlabel(1 "새누리" 2
"민주" 3 "자유" 4 "진보" 5 "기타") xtitle(" ")
        graph save twobar, replace
label variable v11_1 " "
twoway hist pq4, by(v11_1, note(" ")) xtitle(" ") ytitle("연령비율")
        graph save twohist, replace
        graph combine twobar.gph twohist.gph, col(2)
        graph export two.emf, replace

* 선 그래프: 출생 연도와 나이 간의 관계
twoway line pq4 sq1, xtitle("출생 연도", margin(medium)) ytitle("연령")
        graph save line, replace

* 산점도: 출생 연도와 나이 간의 관계
scatter pq4 sq1, xtitle("출생 연도", margin(medium)) ytitle("연령")
        graph save scatter, replace

* 선 그래프와 산점도의 결합
scatter pq4 sq1, c(l) xtitle("출생 연도", margin(medium)) ytitle("연령")
        graph save scatterline, replace
        graph combine line.gph scatter.gph scatterline.gph, col(3)
        graph export scatterline.emf, replace
```

| 제7장 | 유추통계: 범주형 변수 간의 관계

유추통계는 표본의 통계치를 토대로 모집단 모수를 유추하는 데 목적이 있다. 유추통계는 일반적으로 모집단 모수에 대한 영 가설(null hypothesis)을 제시한 후, 표본에 근거해 봤을 때 적절한지를 계산하는 방식으로 이루어진다. 이때 영 가설은 일반적으로 두 변수 간의 관계가 없다는 가설, 즉 통계적 독립성의 형식으로 제시된다. 영 가설은 통계의 기본적 시각을 반영하고 있다. 즉 우리가 증명할 수 있는 것은 둘 간의 '관계가 있다'는 것이 아니라, '관계가 없다는 것'이라는 점이다. 이렇게 엄격한 잣대를 통하고도 살아남은 가설들은 아마도 관계가 있을 가능성이 클 것이라는 과학적 접근방법의 인식론적 사고방식을 반영하고 있다.

이 장에서는 범주형 변수 간에 사용되는 유추통계 기법을 소개하고자 한다. 먼저 제1절에서는 통계적 독립성의 의미를 설명하고자 한다. 이어 제2절에서는 두 개의 변수 중 한 개 이상의 변수가 명목변수일 경우 사용되는 카이제곱 검정을 설명하고, 제3절에서는 순서변수 간의 관계를 파악하는 감마 검정과 타우-b를 설명하고자 한다.

제1절_통계적 독립성

유추통계(inferential statistics)란 표본에서 발견된 수치(즉 표본 통계치)를 토대로 구성된 모집단 모수의 추정치이다.[22] 유추통계는 가설검증을 목적으로 하고 있는 바, 가설검증의 핵심 개념인 통계적 독립성 개념이 논의될 필요가 있다. 통계적 독립성이란 독립변수와 종속변수 간에 관계가 없음을 의미하며, 따라서 독립변수의 값이 변화해도 종속변수의 값에 영향을 주지 않는다는 의미를 함축하고 있다. 달리 이야기하면, 독립변수의 존재가 종속변수를 예측하는데 아무런 도움을 주지 못한다는 것을 의미하기도 한다. 가령 응답자의 키와 투표참여 간의 관계가 통계적으로 독립적이라는 진술은 응답자 키의 크고 작음이 투표참여 여부에 영향을 미치지 않음을 의미하며, 따라서 이들 간의 관계가 없는 것을 의미한다. 달리 이야기하면, 응답자의 키를 아는 것이 해당 응답자의 투표참여를 예측하는 데 도움이 되지 않음을 의미하기도 한다. 반면, 세대와 투표참여 간의 관계가 통계적으로 독립적이지 않고 정비례 관계에 있다는 진술은 응답자의 세대가 높아짐에 따라 응답자의 투표참여 가능성이 높아짐을 의미한다. 따라서 응답자의 세대를 아는 것은 응답자의 투표참여 가능성을 예측하는데 도움을 준다는 것을 의미하기도 한다.

통계적 독립성의 의미를 분할표를 통해서 이해해 보자. 아래의 예는 응답자의 세대와 투표참여 간의 관계이며, 이들 간의 관계가 통계적으로 독립적인 것을 가정한다. 통계적 독립성을 가정한 세대와 투표참여 간의 관계는 〈표 7.1〉에 제시되어 있다.

---

22) 유추통계는 추리통계 등 다양한 용어로 불린다.

〈표 7.1〉 통계적 독립성을 가정한 분할표

(단위: 명)

	참여	기권	합계
청년	5	10	15
중년	5	10	15
노년	5	10	15
합계	15	30	45

독립변수는 세대이며, 종속변수는 투표참여 여부이다. 〈표 7.1〉에 제시된 바와 같이, 독립변수의 값(청년, 중년, 노년)이 변화함에도 불구하고, 투표에 참여한 응답자와 기권한 응답자의 빈도수가 같다. 이와 같은 분할표는 독립변수와 종속변수 간에 통계적으로 관련이 없음을 이야기하고 있으며, 독립변수의 값을 아는 것이 종속변수의 값을 예측하는 데 도움을 주지 못한다고도 이야기할 수 있다.

이와 같은 논의는 확률의 형태로 재편되어, 통계적 독립성의 형식적 정의로 발전할 수 있다. 〈표 7.1〉을 확률의 형태로 재구성하면, 〈표 7.2〉와 같다.

〈표 7.2〉 확률의 형태로 제시된 통계적 독립성

	참여	기권	합계
청년	$5/15 = cp_{11}$	$10/15 = cp_{12}$	$15/45 = mp_{1.}$
중년	$5/15 = cp_{21}$	$10/15 = cp_{22}$	$15/45 = mp_{2.}$
노년	$5/15 = cp_{31}$	$10/15 = cp_{32}$	$15/45 = mp_{3.}$
합계	$15/45 = mp_{.1}$	$30/45 = mp_{.2}$	$45/45 = 1$

〈표 7.2〉에서 음영으로 처리된 부분은 독립변수의 특정한 값이 주어졌을 때 종속변수가 나타날 확률이다. 즉 특정한 세대(청년, 중년, 노년)가 주어졌을 때,

투표참여(참석, 기권)이 나타날 확률이다. 예를 들어, 응답자가 청년일 때, 투표에 참여할 확률은 cp_{11}이며, 기권할 확률은 cp_{12}이다. 이와 같은 확률은 독립변수의 특정한 조건이 주어졌을 때, 종속변수가 발생할 확률이라는 점에서 조건부 확률(conditional probability, 이하 cp)이라 불린다. cp_{ij}(i는 행, j는 열)는 독립변수의 값에 해당하는 응답자 중 종속변수의 값에 해당하는 응답자의 비율로 계산된다. 예를 들어, cp_{11}은 청년 응답자 중 투표에 참여한 확률(=5/15)이며, cp_{12}은 청년 응답자 중 기권한 응답자의 확률(=5/15)이다.

〈표 7.2〉 하단과 오른편에 있는 $mp_{.1}$과 $mp_{.2}$, 그리고 $mp_{1.}$, $mp_{2.}$, $mp_{3.}$는 다른 변수의 값과 상관없이 한 변수가 일어날 확률이다. 한 변수의 조건에 관계없이 다른 변수가 나타날 확률이라는 점에서 주변 확률(marginal probability, 이하 mp)이라고 불린다. mp_{ij}(i는 행, j는 열)는 총 응답자 중 독립변수 또는 종속변수 각각의 값에 해당하는 응답자의 비율로 계산된다. 예를 들어, $m_{1.}$은 투표참여 여부와 관계없이 응답자가 청년에 해당할 확률(=15/45)이고, $m_{2.}$은 투표참여 여부와 관계없이 응답자가 중년에 해당할 확률(=15/45)이며, $m_{3.}$은 투표참여 여부와 관계없이 응답자가 노년에 해당할 확률(=15/45)이다.

끝으로 주변 확률이 결합되어 나타날 확률은 결합 확률(joint probability, 이하 JP)이라고 한다. 즉 '각각의 변수가 독립적으로 발생할 때', 각 칸이 나타날 확률을 의미한다. 이를 형식화하면, JP_{ij}(i는 행, j는 열)는 $mp_{i.} \times mp_{.j}$이다. 예를 들어, 첫 번째 행과 첫 번째 열에 해당하는 칸의 결합 확률(JP_{11})은 세대와 투표참여가 독립적으로 이루어졌을 때, 응답자가 청년($mp_{1.}$)이면서 투표에 참여($mp_{.1}$)한 확률이다($mp_{1.} \times mp_{.1}$).

이들 확률 간에는 개념상 차이가 존재한다. 먼저 조건부 확률은 독립변수의 조건에 따라 종속변수가 나타날 확률이다. 반면 주변 확률은 한 변수의 조건에

'관계없이' 다른 변수가 나타날 확률이다. 따라서 각 칸에 있어서 조건부 확률과 주변 확률 간의 차이가 클수록, 각 칸은 독립적이지 않을 가능성이 커진다. 달리 이야기하면, 각 칸에 있어서 조건부 확률과 주변 확률이 비슷할수록, 각 칸은 독립적일 가능성이 커진다. 이와 같은 논리를 형식화하면, 〈공식 7.1〉과 〈공식 7.2〉와 같다.

$$cp_{11} = cp_{21} = cp_{31} = mp_{.1} \quad \text{공식 7.1}$$

$$cp_{12} = cp_{22} = cp_{32} = mp_{.2} \quad \text{공식 7.2}$$

〈공식 7.1〉과 〈공식 7.2〉는 독립변수의 값이 어떠하든 종속변수가 일어날 확률이 $mp_{.1}$ 또는 $mp_{.2}$ 같은 경우를 의미한다($cp_{11} = cp_{21} = cp_{31}$ 또는 $cp_{12} = cp_{22} = cp_{32}$). 즉 통계적으로 독립적인 관계에서는 독립변수의 값을 아는 것이 종속변수의 값을 예측하는 데 아무런 도움을 주지 못한다. 이와 같은 경우, 두 변수는 통계적으로 독립되어 있다고 판단할 수 있다.

통계적 독립성은 결합 확률을 토대로 설명될 수도 있다. 결합 확률은 서로 독립적인 두 변수가 결합되어 나타날 확률이며, 이는 〈공식 7.3〉과 같이 형식화될 수 있다.

$$JP_{ij} = mp_{i.} \times mp_{.j} \quad \text{공식 7.3}$$

〈공식 7.3〉을 활용하면, 두 변수 간의 관계가 통계적으로 독립적일 때 예상되는 관측값을 계산할 수 있다. 예를 들어, 〈표 7.2〉의 세대와 투표참여 간의 관계가 통계적으로 독립적이라면, 각 칸의 예상 관측값은 ($JPij \times$총 응답자 수)이며,

이를 〈표 7.2〉의 주변 확률로 풀면 [(mp$_{i.}$×mp$_{.j}$)×15명]이 된다. 따라서 〈표 7.2〉의 실제 관측값과 통계적 독립성을 가정한 예상 관측값 간의 차이가 크면 클수록, 두 변수 간의 관계는 통계적으로 독립적이지 않을 가능성이 커진다.

제2절_한 개 이상의 변수가 명목척도인 경우

한 개 이상의 변수가 명목척도인 경우 사용되는 유추통계는 통계적 독립성 가정이 맞다면, 현재의 표본이 나타날 확률을 추정하는 방식으로 이루어진다. 즉 통계적 독립성을 가정한 상태에서 현재와 같은 표본이 나타날 확률이 높으면 가설은 기각(棄却)되지 않는 반면, 그 확률이 낮은 경우 가설은 기각된다. 이때 기각될 확률은 사전에 설정해야 한다. 이와 같은 논리가 적용된 유추통계 기법 중 하나가 카이제곱 검정이다.

카이제곱 검정(Chi-Square test, 이하 χ^2)은 두 개의 변수 중 한 개 이상의 변수가 명목척도인 경우 통계적 독립성 여부를 검증하는 데 사용되는 기법이다. 이를테면 두 개의 변수가 모두 명목척도 변수인 경우, 또는 하나의 변수는 명목척도이지만 다른 변수는 순서척도일 경우, 두 변수가 통계적으로 독립된 관계인지 여부를 검증하는 기법이다.

카이제곱 검정은 두 변수가 통계적으로 독립적일 때 예상되는 빈도수(f_e)와 실제로 관측된 빈도수(f_o) 간의 차이에 기반을 둔 검증 방식이다. 즉 표본 상에서 실제로 관측된 빈도수가 통계적으로 독립적인 경우 예상되는 빈도수와 너무 큰 차이를 보인다면, 통계적 독립성이라는 가정 하에 이러한 표본이 나타날 가능성은 극히 낮으며, 따라서 통계적 독립성이라는 가정은 기각될 수 있다는 논리이다. 이때 '극히 낮은 가능성'의 기준은 일반적으로 유의수준 0.05 또는 0.01 등이 사용된다.

카이제곱 검정의 공식은 〈공식 7.4〉와 같으며, 결과값인 χ^2는 자유도 = (행의 수 - 1)(열의 수 - 1)을 가진 카이제곱 분포(chi-square distribution)를 그린다.

$$\chi^2 = \sum \frac{(f_o - f_e)^2}{f_e}$$ 공식 7.4

$$f_e = \frac{\text{행 합계} \times \text{열 합계}}{\text{총 합계}}$$

f_e는 통계적으로 독립적일 때 예상되는 빈도수로서 〈공식 7.3〉을 근거로 계산된다. 예를 들어, 통계적으로 독립적일 때 첫 번째 행과 첫 번째 열에서 예상되는 빈도수(f_{e11})는 다음과 같다.

$$\begin{aligned} f_{e11} &= \mathrm{JP}_{11} \times \text{총 응답자 수} = \mathrm{mp}_{1.} \times \mathrm{mp}_{.1} \times \text{총 응답자 수} \\ &= \frac{\text{첫 번째 행 합계}}{\text{총 응답자 수}} \times \frac{\text{첫 번째 열 합계}}{\text{총 응답자 수}} \times \text{총 응답자 수} \\ &= \frac{\text{첫 번째 행 합계} \times \text{첫 번째 열 합계}}{\text{총 응답자 수}} \end{aligned}$$

자유도(degree of freedom, 이하 df)는 통계치를 계산할 때 사용할 수 있는 관측값의 개수이며, 카이제곱 검정의 경우 각 칸에서 독립적으로 사용할 수 있는 개수, 즉 (행의 수 - 1)(열의 수 - 1)이다(Kennedy 1998, 407). 예를 들어, 〈표 7.1〉의 경우, 세대 변수 행의 수가 3이고 투표참여 열의 수가 2이므로 자유도는

$(3-1)(2-1)$인 2이다. 자유도에 따른 카이제곱 분포의 양상은 〈그림 7.1〉과 같다.

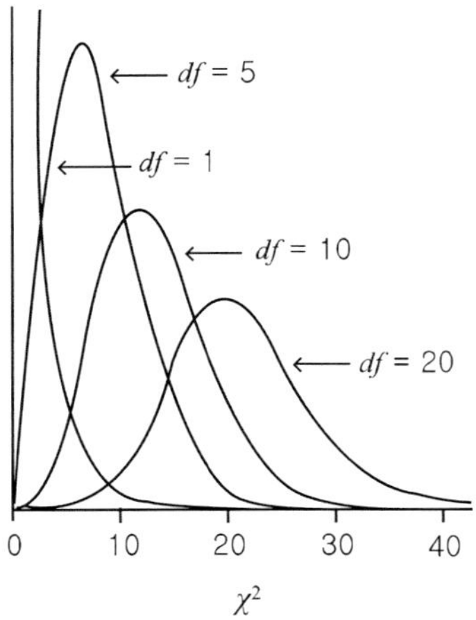

〈그림 7.1〉 카이제곱 분포의 예

출처: Agresti and Finlay(1997, p. 256).

카이제곱 검정의 해석은 다음과 같다. χ^2의 값이 크다면(즉 독립적일 때 예상되는 빈도수와 표본에서 실제로 관측된 빈도수 간의 차이가 크다면), 두 변수가 독립적 관계라는 가설은 현재의 표본을 토대로 볼 때 신빙성이 없다. 달리 이야기하면, 독립성을 가정한 모집단의 가정이 적절한 것이라면, 현재 표본에서 관측된 빈도수는 대단히 예외적인 것으로 간주할 수 있다. 따라서 연구자는 모집단에서 두 변수 간의 관계가 없다는 주장과 획득한 표본이 대단히 예외적이므로 모집단의 가정이 틀렸다는 주장 사이에서 하나를 선택해야 하며, 이때 통계학은 후자를 보다 신뢰한다. 즉 모집단의 가정은 '가정'인 반면, 표본은 실제 모집단에 근거한 표본이기 때문에 전자보다는 후자를 더 신뢰한다는 것이다.

이를 카이제곱 검정의 측면에서 설명하면, 모집단의 독립성을 가정했을 때의 빈도수와 실제 관측된 표본 상의 빈도수 간의 차이가 커서, 사전에 설정된 통계적 유의수준(예를 들어, 0.05%)을 넘을 경우, 모집단의 독립성이라는 가설은 기각되게 된다.

예를 들어, 제19대 국회의원 선거에서 세대와 투표참여 간의 관계가 통계적으로 독립적인지 여부를 검증해 보자. 제19대 국회의원 선거에서 실제로 관측된 빈도수와 통계적으로 독립적일 때의 빈도수는 〈표 7.3〉에 제시되어 있다.

〈표 7.3〉 세대와 투표참여 간의 카이제곱 검정

(단위: 명)

	참여	기권	합계
청년	284(306.5)	110(87.5)	394
중년	338(319.8)	73(91.2)	411
노년	156(151.7)	39(43.3)	195
합계	778	222	1,000

세대와 투표참여 간의 관계가 독립적일 경우에 예상되는 빈도수는 〈표 7.3〉의 괄호 안에 표시되어 있다. 카이제곱 검정의 첫 번째 단계는 독립적일 경우에 예상되는 빈도수를 구하는 것이다. 예를 들어, 두 변수 간의 관계가 독립적이라면 청년 세대에서 투표에 참여할 것으로 예상되는 빈도수는 청년층의 행 합계 394와 투표참여 응답자의 열 합계 778을 곱한 후에 총 응답자 수 1,000으로 나눈 수인 $306.5\left(=\frac{778 \times 394}{1,000}\right)$이다. 다른 괄호 안의 숫자도 같은 방식으로 구하면 된다. 두 번째 단계는 독립적일 경우의 빈도수와 실제 관측된 빈도수 간의 차이를 구하여 이를 제곱한 후$(f_e - f_o)^2$, 독립적일 경우의 빈도수(f_e)로 나누는

것이다. 예를 들어, 첫 번째 행과 첫 번째 열의 경우, $(306.5-284)^2$ 을 306.5로 나눈다. 이와 같은 방식으로 나머지 칸의 값을 구한다. 세 번째 단계는 〈공식 7.4〉에 제시된 바와 같이 카이제곱의 값을 구하는 단계로서 각 칸의 합을 구하는 단계이다. 〈표 7.3〉의 경우, 카이제곱의 값은 12.7(=1.7+1.0+0.1+5.8+3.6+0.4)이다. 카이제곱 검정의 마지막 단계는 자유도를 고려하여, 카이제곱의 값에 해당하는 확률을 찾는 단계이다(카이제곱 분포의 확률은 〈부록 D〉 참조). 예를 들어, 〈표 7.3〉의 자유도는 2[=(3-1)(2-1)]이며 카이제곱 값은 12.7이므로, 모집단의 독립성이 가정될 경우 주어진 표본이 나타날 확률은 0.005과 0.001 사이이다. 따라서 사전에 통계적 유의수준을 0.05로 설정했을 경우, 세대와 투표참여 간의 관계가 통계적으로 독립적이라는 가설은 기각되게 된다(Stata로 따라 해 보기 참조).

한 가지 유의할 점은 카이제곱 검정에서 카이제곱의 값은 두 변수 간의 관계 여부만을 측정할 뿐 상관관계의 강도를 측정하지는 않는다는 점이다. 카이제곱 값은 단지 두 변수가 통계적으로 독립되었다는 가정이 적절하다면, 현재의 표본이 나타날 확률만을 제시할 뿐이다.

카이제곱 검정의 또 다른 유의점은 카이제곱 검정이 표본크기에 민감하게 반응한다는 점이다(생각해 보기: 표본크기가 100배 증가하여 각 칸의 빈도수가 100배만큼 증가한다면, 카이제곱 값은 어떻게 변화할까?). 따라서 카이제곱 검정은 표본크기가 다른 두 표본을 비교하는 데 한계가 있다. 이러한 문제점을 해결하기 위하여 제시된 검정 방법으로서 크래머의 *V*(Cramer's *V*)가 있다. 크래머의 *V*는 카이제곱 값을 표준화시킨 값으로서 공식은 〈공식 7.5〉와 같다.

$$V=\sqrt{\frac{\chi^2}{n\times \text{최솟값}[(\text{행}-1)\text{또는}(\text{열}-1)]}}$$ 공식 7.5

n은 표본크기이며, 최솟값[(행 - 1) 또는 (열 - 1)]은 (행 - 1) 또는 (열 - 1) 중 최솟값을 의미한다.

예를 들어, 〈표 7.3〉에 대한 크래머의 V를 구하면 다음과 같다. 〈표 7.3〉의 표본크기는 1,000, 최솟값[(행 - 1) 또는 (열 - 1)]은 1, 그리고 카이제곱 값은 12.7이다. 따라서 〈공식 7.5〉에 각 값을 삽입하면, 〈표 7.3〉의 크래머의 V는 $0.11\left(=\sqrt{\frac{12.7}{1000\times 1}}\right)$이 된다(Stata로 따라 해 보기 참조). 이 수치를 통하여, 표본크기가 다른 표본 간의 비교가 가능해진다.

제3절_두 개 변수 모두가 순서척도인 경우

카이제곱 검정은 검증되는 두 개의 변수 중 하나가 명목척도의 변수일 경우 사용되는 방법이다. 그렇다면 검증되는 두 개의 변수 모두가 순서척도의 변수일 경우 어떤 방법이 사용될 수 있을까? 물론 카이제곱 검정도 계속 사용될 수 있을 것이다. 그렇지만 이와 같은 경우에 카이제곱 검정을 사용하는 것은 순서척도 변수에 내재하는 '순서'라는 정보를 사용하지 않는다는 문제점이 있다. 더욱이, 카이제곱 검정의 문제점인 관계의 강약 및 방향성 제시의 어려움이 여전히 남게 된다. 따라서 순서척도 변수의 정보를 활용하고, 관계의 강약 및 방향성을 파악할 수 있는 기법이 소개될 필요가 있다.

1. 감마 검정

순서척도 변수 간의 관계를 파악하는 기법은 감마(γ), 타우-b($\tau - b$) 등 다양하다. 이들 기법의 공통된 논리는 만약 두 변수 간의 관계가 존재한다면, 한 변수의 값이 상승할 경우 다른 변수의 값이 동반하여 변화하는 쌍들이 많아질 것이라는 점이다. 예를 들어, 독립변수와 종속변수 간의 관계가 정비례 관계라면, 독립변수의 값이 상승된 경우 종속변수의 값도 '상승'된 쌍들이 그렇지 않은 쌍들보다 많을 것이다. 반면, 두 변수 간의 관계가 반비례 관계라면, 독립변수의 값이 상승된 경우 종속변수의 값은 '하락'된 경우가 그렇지 않은 경우보다 많을 것이다. 이때 전자와 같은 쌍을 일치쌍(concordant pair)이라 부르며, 후자와 같은 쌍을 비일치쌍(discordant pair)이라 부른다. 순서척도 변수 간의 관계를 파악하는 기법은 일치쌍이 높은지, 아니면 비일치쌍의 관계가 높은지를 파악하는 방식으로 구성되어 있다. 한편 독립변수의 값이 상승해도, 종속변수의 값이 상승도 하락도 하지 않는 쌍들이 존재한다. 이러한 쌍들은 동순위쌍(tied pair)이라고 부른다.

세대와 이념성향 간의 분할표인 〈표 7.4〉를 통해 이들 기법의 논리를 검토해 보자. 행은 세대변수의 값(청년/중년/노년)이며, 열은 이념성향 변수의 값(진보/중도/보수)이다.

〈표 7.4〉 세대와 이념성향

(단위: 명)

	진보	중도	보수
청년	88	168	46
중년	54	134	105
노년	6	53	63

먼저 일치쌍의 경우를 살펴보자. 일치쌍이란 일정한 기준을 중심으로 독립변수의 값이 상승된 경우, 종속변수의 값이 상승된 쌍을 의미한다. 예를 들어,

〈표 7.5〉에 제시된 바와 같이, 청년-진보(88)를 기준으로 독립변수가 상승된 경우(중년, 노년), 종속변수인 이념성향도 상승된 경우(중도, 보수)를 의미한다(134, 105, 53, 63). 같은 방식을 다른 기준(예를 들어, 168, 54, 134 각각)에 적용하면, 나머지 일치쌍도 파악할 수 있다.

〈표 7.5〉 세대와 이념성향: 정비례 관계

	진보	중도	보수	진보	중도	보수	진보	중도	보수	진보	중도	보수
청년	88				168							
중년		134	105			105	54				134	
노년		53	63			63		53	63			63

일치쌍의 개수는 '기준 칸의 빈도수×(일치쌍에 해당하는 칸의 빈도수)'로 계산될 수 있다. 예를 들어, 청년-진보를 기준으로 했을 때, 일치쌍에 해당하는 개수는 88×(134+105+53+63)인 31,240개이다.[23] 같은 방식으로 나머지 일치쌍의 개수를 파악하면, 168×(105+63), 54×(53+63), 134×(63)이 된다. 따라서 총 일치쌍의 개수는 [88×(134+105+53+63)+168×(105+63)+54×(53+63)+134×(63)]인 74,170이다.

일치쌍이 변수 간의 정비례 관계를 의미한다면, 비일치쌍은 변수 간의 반비례 관계에 해당하는 쌍을 의미한다. 즉 비일치쌍이란 일정한 기준을 중심으로 독립

---

23) '기준 칸의 빈도수×(일치쌍에 해당하는 칸의 빈도수)'의 도출 과정은 다음과 같다. 일치쌍 개수는 기준 칸 소속 응답자 각각에 대한 일치쌍의 응답자 수이다. 이를 수식으로 표현하면, 첫 번째 기준자×(일치쌍에 해당하는 칸의 빈도수)+두 번째 기준자×(일치쌍에 해당하는 칸의 빈도수)+ … +기준 칸의 마지막 기준자×(일치쌍에 해당하는 칸의 빈도수)이고, 이를 단순화하면 '기준 칸의 빈도수×(일치쌍에 해당하는 칸의 빈도수)'가 된다. 예를 들어, 청년-진보 기준 칸 응답자 각각에 대하여 일치쌍에 해당하는 응답자 수는 첫 번째 × (134 + 105 + 53 + 63)명+두 번째×(134+105+53+63)명+ … +여든여덟 번째×(134+105+53+63)명이고, 이를 줄이면 88×(134+105+53+63)명이 된다.

변수의 값이 상승된 경우, 종속변수의 값이 하락된 경우를 의미한다. 예를 들어, 〈표 7.6〉에 제시된 바와 같이, 청년-보수(46)를 기준으로 독립변수가 상승된 경우(중년, 노년), 종속변수인 이념성향은 하락된 경우(중도, 진보)를 의미한다 (134, 154, 53, 6). 같은 방식을 다른 기준(예를 들어, 168, 105, 134)에 적용하면, 나머지 비일치쌍도 파악할 수 있다.

〈표 7.6〉 세대와 이념성향: 반비례 관계

	진보	중도	보수	진보	중도	보수	진보	중도	보수	진보	중도	보수
청년			46		168							
중년	54	134		54					105		134	
노년	6	53		6			6	53		6		

비일치쌍에 해당하는 응답자의 수를 계산하는 방식은 일치쌍 개수 파악 방식과 유사한 '기준 칸의 빈도수 × (비일치쌍에 해당하는 칸의 빈도수)'이다. 예를 들어, 청년-보수 칸을 기준으로 했을 때, 비일치쌍에 해당하는 쌍의 수는 46 × (134 + 54 + 53 + 6)이다. 총 비일치쌍의 개수는 [46 × (134 + 54 + 53 + 6) + 168 × (54 + 6) + 105 × (53 + 6) + 134 × (6)]인 28,441이다.

순서변수 간의 관계성을 파악하기 위한 기법 중 하나인 감마 검정은 일치쌍과 비일치쌍의 차이에 논리적 기반을 두고 있다. 즉 감마 검정은 두 변수 간의 관계가 정비례 관계라면 일치쌍이 비일치쌍보다 많을 것이고, 두 변수 간의 관계가 반비례 관계라면 비일치쌍이 일치쌍보다 많을 것이다는 논리에 기반을 두고 있다. 따라서 일치쌍에 해당하는 개수와 비일치쌍에 해당하는 개수의 차이를 구하면, 두 변수 간의 관계가 파악될 수 있다는 것이다. 다만, 표본크기가 커지면 일치쌍-비일치쌍 간의 차이도 같이 커지는 문제점을 해결하기 위하여, 이 차이를 (일치쌍 + 비일치쌍)으로 나누어 표준화시킨다. 감마 계산 공식은 〈공식 7.6〉과 같다.

$$\widehat{감마} = \frac{일치쌍 - 비일치쌍}{일치쌍 + 비일치쌍} \qquad \text{공식 7.6}$$

감마는 '-1'부터 '+1'까지 변화한다. -1은 완벽한 반비례 관계를, 0을 완벽한 독립적 관계를, +1은 완벽한 정비례 관계를 의미한다.

예를 들어, 〈표 7.4〉에 제시된 세대와 이념성향 간의 감마 지수는 0.45로서, 두 변수는 다소 강한 정비례 관계에 있음을 알 수 있다.

$$\widehat{감마} = \frac{74,170 - 28,441}{74,170 + 28,441} = 0.45$$

감마의 유의성 검정은 독립적 관계를 모집단의 관계로 설정했을 경우, 실제 관측된 표본이 얼마나 예외적인지를 검증하는 방식으로 이루어진다. 즉 영 가설 H_0: 감마 = 0을 가정했을 때, 이러한 표본이 나타날 확률이 사전에 설정된 유의수준보다 낮을 경우, 영 가설은 기각된다. 이를 공식화하면, 〈공식 7.7〉과 같다.

$$Z = \frac{\widehat{감마} - 0}{\hat{\sigma}_{\widehat{감마}}} = \frac{\widehat{감마}}{\hat{\sigma}_{\widehat{감마}}} \qquad \text{공식 7.7}$$

'$\widehat{감마}$'는 표본에서 관측된 감마 수치이고, '0'은 모집단에서 설정된 독립적 관계를 의미하며, '$\hat{\sigma}_{\widehat{감마}}$'는 관측된 감마 수치의 표준오차를 의미한다. 감마 수치는 표준정규 분포를 따른다. $\hat{\sigma}_{\widehat{감마}}$에 대한 계산 공식은 이 책의 범위를 벗어나기 때문에 다루지 않기로 한다. 다행스러운 점은 대부분의 통계 프로그램이 $\hat{\sigma}_{\widehat{감마}}$에 대한 수치를 제공하고 있다. 이 책에서 주로 사용하는 Stata 프로그램의 경우, 'ASE'의 형태로 제시되어 있으며, 세대와 이념성향 간의 감마 ASE는 0.044이다 (Stata로 따라 해 보기 참조). 이와 같은 수치를 고려하여, 〈표 7.4〉에 대한 Z 값을 구하면, 다음과 같다.

$$Z = \frac{0.45}{0.044} = 10.23,\ \mathrm{p} = 7.513e^{-24}$$

7.513e^{-24}라는 수치는 일반적으로 사용되는 통계적 유의수준, 즉 p 값 0.05보다 상당히 낮은 수치이므로 영 가설은 기각된다. 따라서 세대와 이념성향 간의 관계가 독립적인 관계이기보다는 다소 강한 정비례 관계(0.45)로서 통계적으로 유의미한 관계라고 판단할 수 있다.

그렇지만 유추통계 요약치로서 감마의 가장 큰 문제점은 범주의 수에 있다. 즉 같은 속성을 측정하는 변수라 할지라도, 측정하는 범주가 몇 개인지에 따라 감마 수치가 달라지기 때문이다(Agresti and Finaly 1997, pp. 277-278). 예를 들어, 세대를 측정하는 범주가 '청년/중년/노년'에서 '19세 및 20대/30대/40대/50대/60대/70세 이상'으로 변화될 경우, 감마 수치도 0.45에서 0.3으로 변화된다. 따라서 측정하는 범주의 수가 적을수록 감마 수치가 높아짐으로써, 양자 간의 관계가 사실상 높지 않음에도 불구하고 높은 것으로 왜곡될 수 있다는 것이다.

2. 타우-*b* 검정

켄달의 타우-b(Kendall′s $\tau - b$)는 감마 수치 범주의 문제점을 해결하기 위하여 제시된 기법이다. 타우-b는 동순위쌍(tied pair)을 분모에 삽입하여, 범주화에 따른 수치의 변화를 최소화시키고자 했다. 수정된 공식은 〈공식 7.8〉과 같다(Agresti and Finaly 1997, p. 300).

$$\widehat{\text{타우}}-b=\frac{\text{일치쌍}-\text{비일치쌍}}{\sqrt{[\frac{n(n-1)}{2}-\text{동순위쌍}_{\text{행}}][\frac{n(n-1)}{2}-\text{동순위쌍}_{\text{열}}]}} \quad \text{공식 7.8}$$

n은 쌍의 총수이며, 동순위쌍$_{\text{행}}$은 행에 따른 동순위쌍이고, 동순위쌍$_{\text{열}}$은 열에 따른 동순위쌍이다. 〈표 7.4〉를 보면, 청년-진보(88)를 기준 쌍으로 했을 때 동순위쌍$_{\text{행}}$은 청년-중도(168), 청년-보수(46)이다. 그리고 청년-진보(88)를 기준 쌍으로 했을 때, 동순위쌍$_{\text{열}}$은 중년-진보(54), 노년-진보(6)를 의미한다. 동순위쌍이 없을 경우, 타우-b와 감마는 동일한 수치를 제공한다.

타우-b와 이에 대한 표준오차를 계산하는 방식은 다소 복잡하나, Stata를 비롯한 대부분의 통계 프로그램이 타우-b 수치를 제공하고 있다. 앞서 언급한 세대와 이념성향 간의 관계를 타우-b를 통하여 분석해 보면, 세대변수를 청년/중년/노년으로 범주화했을 때와 19세 및 20대/30대/40대/50대/60대/70세 이상으로 범주화했을 때, 각각의 타우-b는 0.28이었다(Stata로 따라 해 보기 참조).

Stata로 따라 해 보기

```
use 19NA, clear

* 제2절 한 개 이상의 변수가 명목척도인 경우
gen simpleperiod = 0 if pq4 >=19 & pq4 < 40
        replace simpleperiod = 1 if pq4 >=40 & pq4 < 60
        replace simpleperiod = 2 if pq4 >=60
        label define simpleperiodlabel 0 "청년" 1 "중년" 2 "노년"
        label values simpleperiod simpleperiodlabel
table simpleperiod v9, col row

tabulate simpleperiod v9, chi /* 카이제곱 검정 */
tabulate simpleperiod v9, V /* 크래머의 V에서 V는 대문자 V임을 유의 */

* 제3절 두 개 변수 모두가 순서척도인 경우
tabulate v15_1
drop if v15_1==98 | v15_1==99
gen ideo = 0 if v15_1 >=0 & v15_1 <=3
        replace ideo = 1 if v15_1 >=4 & v15_1 <=6
        replace ideo = 2 if v15_1 >=7 & v15_1 <=10
        label define ideolabel 0 "진보" 1 "중도" 2 "보수"
        label values ideo ideolabel
table simpleperiod ideo, col row

tabulate simpleperiod ideo, gamma /* 감마 검정 */
 di normalden(10.23)

* 범주의 수를 늘릴 경우, 타우-b의 예
```

```
gen complicatedperiod = 0 if pq4 >=19 & pq4 < 30
        replace complicatedperiod = 1 if pq4 >=30 & pq4 < 40
        replace complicatedperiod = 2 if pq4 >=40 & pq4 < 50
        replace complicatedperiod = 3 if pq4 >=50 & pq4 < 60
        replace complicatedperiod = 4 if pq4 >=60 & pq4 < 70
        replace complicatedperiod = 5 if pq4 >=70
        label define complicatedperiodlabel 0 "19 및 20대" 1 "30대" 2 "40대'
3 "50대" 4 "60대" 5 "70대"
        label values complicatedperiod complicatedperiodlabel

tabulate complicatedperiod ideo, gamma /* 다수 범주의 감마 검정 */
tabulate simpleperiod ideo, tau /* 단순 범주의 타우-b */
tabulate complicatedperiod ideo, tau /* 다수 범주의 타우-b */
```

| 제8장 | 유추통계: 그룹 간의 비교

성별에 따라 지지하는 후보의 차이가 있을까? 지역에 따라 1인당 소득수준의 차이가 있을까? 이들은 정치학에서 흔히 제기되는 연구주제이다. 이 장에서는 이와 같이 그룹 간 비교를 목적으로 개발된 기법을 소개하고자 한다.

그룹 간 비교는 비교되는 그룹이 두 개인지, 세 개 이상인지에 따라 기법상의 차이가 있다. 비교 그룹이 두 개일 경우 평균검정 또는 비율검정 기법 등이 사용되며, 비교그룹이 세 개 이상일 경우 분산분석 기법 등이 주로 사용된다.

제1절_두 그룹 간의 비교

두 그룹 간의 비교는 다양한 형태로 발생한다. 예를 들어, 남녀 간의 투표참여율 비교, 선거 당선자와 낙선자 간의 선거비용 액수 비교 등 다양한 형태가 있다. 이와 같은 형태를 단순화하면, 각 그룹의 비율(proportion)에 대한 비교와 각 그룹의 평균(mean)에 대한 비교로서 정리될 수 있다. 즉 남성 집단에서의 투표참여 비율과 여성 집단에서의 투표참여 비율 간의 비교, 그리고 당선자 집단에서의 평균 선거비용과 낙선자 집단에서의 평균 선거비용 간의 비교이다. 전자에 해당하는 비율 간의 비교에는 비율검정(difference in proportions test) 기법이 사용되며, 후자에 해당하는 평균 간의 비교에는 평균검정(difference in means test) 기법이 사용된다.[24)]

1. 비율검정

두 그룹을 비교하는 가장 단순한 방식은 한 그룹의 값과 다른 그룹의 값의 차이가 있는지를 보는 것이다. 만약 두 그룹 간에 차이가 없다면 두 그룹 간의 차이는 '0' 값일 것이지만, 두 그룹 간에 차이가 있다면 두 그룹 간의 차이는 '0'이 아닌 다른 값일 것이다. 달리 이야기하면, 두 그룹 간의 차이를 검증하는 방식은 두 그룹 간의 차이를 하나의 모수로 설정한 후, 표본을 통하여 이 모수가 '0' 값인지 여부를 검증하는 것이다.

예를 들어, 연구주제가 성별과 투표참여 간의 관계라고 하자. 남성의 투표참여 비율을 π_1이라 하고 여성의 투표참여 비율을 π_2이라 할 때, 이 연구주제는 $\pi_1 - \pi_2$가 '0'인지의 여부로 정리될 수 있다. 이를 가설의 형태로 정리하면 다음과 같다.

24) 이와 같은 기법들은 한 그룹의 추출이 다른 그룹의 추출에 영향을 미치지 않는다는 독립적 표본(independent sample) 전제를 공통으로 가지고 있다. 그렇지만 한 그룹의 선택이 다른 그룹의 선택에 영향을 미치는 경우도 있다. 예를 들어, 정치학방법론 수강 여부가 법학적성시험 점수 향상에 미치는 영향력을 분석하는 연구가 있다고 하자. 이 연구주제에 대한 데이터 수집방법이 사전·사후 조사 방법인 경우(제4장 제1절 참조), 이미 법학적성시험을 본 학생들 중에서 정치학 방법론을 수강한 학생과 그렇지 않은 학생을 선별한다면, 독립적 표본이라는 전제가 훼손된다. 이러한 형태의 표본은 종속적 표본(dependent sample)으로 불리며, 이에 대한 통계적 기법은 쌍 평균 검정(Paired t test), 맥니머의 검정(McNemar's test) 등이 있다.

영 가설　 H_0: $\pi_1 - \pi_2 = 0$

대안 가설 H_a: $\pi_1 - \pi_2 \neq 0$

이 가설은 모수($\pi_1 - \pi_2$)에 대한 추정치($\widehat{\pi_1} - \widehat{\pi_2}$)와 이에 대한 표준오차($\sigma_{\widehat{\pi_1} - \widehat{\pi_2}}$)를 기반으로 가설검증을 하게 된다.

가설검증의 핵심적 사항은 추정치($\hat{\pi}_1 - \hat{\pi}_2$)가 모수($\pi_1 - \pi_2$)에 얼마나 근접하는지, 그리고 추정치에 대한 표준오차가 얼마나 확실성을 지니고 있는지에 달려 있다. 다행히도 표본크기가 충분히 클 경우, 추정치($\hat{\pi}_1 - \hat{\pi}_2$)는 모수($\pi_1 - \pi_2$)에 근접하면서 정규분포를 형성하는 것으로 알려져 있다(Agresti and Finlay 1997, p. 217).[25] 따라서 비율검정은 신뢰구간을 통한 방식과 유의성 검증을 통한 방식을 이용할 수 있다(신뢰구간 검증과 유의성 검증은 제5장 제2절을 참조).

그룹 간 비율차이에 대한 추정치와 이에 대한 표준오차를 구하는 방식은 다음과 같다. 먼저 그룹 간 비율차이에 대한 모수($\pi_1 - \pi_2$)는 표본에서 각 그룹의 비율값 간의 차이 ($\hat{\pi}_1 - \hat{\pi}_2$)로 대체된다. 예를 들어, 집단에서 남성 그룹에서의 투표참여 비율(π_1)과 여성 그룹에서의 투표참여 비율(π_2) 간의 비율차이($\pi_1 - \pi_2$)에 대한 추정치는, 표본 상에서 나타난 남녀 그룹 간의 투표참여 비율차이($\hat{\pi}_1 - \hat{\pi}_2$)이다.

비율 추정치에 대한 표준오차 공식이 $\widehat{\sigma_{\hat{\pi}}} = \sqrt{\frac{\hat{\pi}(1-\hat{\pi})}{n}}$ 이기 때문에,[26] '비율차이'

25) 각 집단의 표본크기가 5가 넘을 경우, 표본크기가 충분하다고 볼 수 있다(Agresti and Finlay 1997, p. 218).

26) 비율 추정치의 표본오차는 $\sigma_{\hat{\pi}} = \sqrt{\frac{\pi(1-\pi)}{n}}$ 이며, 이에 대한 추정치는 $\widehat{\sigma_{\hat{\pi}}} = \sqrt{\frac{\hat{\pi}(1-\hat{\pi})}{n}}$ 이다. 논의의 편의상, '비율 추정치 표본오차에 대한 추정치'를 '비율 추정치 표본오차'로 하고자 한다. 이와 같은 점은 후술하는 평균검정에서도 같다.

의 추정치에 대한 표준오차는 〈공식 8.1〉과 같다.

$$\hat{\sigma}_{\hat{\pi}_1 - \hat{\pi}_2} = \sqrt{\frac{\hat{\pi}_1(1-\hat{\pi}_1)}{n_1} + \frac{\hat{\pi}_2(1-\hat{\pi}_2)}{n_2}} \quad \text{공식 8.1}$$

(생각해 보기: 왜 이런 공식이 도출되는 것일까?, 힌트: $V(\pi_1 - \pi_2) = V(\pi_1) +$ $+ V(\pi_2) - 2COV(\pi_1, \pi_2) = V(\pi_1) + V(\pi_2)$, 독립적 표본이라는 전제에 의하여 $COV(\pi_1, \pi_2) = 0$)

따라서 비율차이에 대한 가설검증 기법인 비율검정은 〈공식 8.2〉와 〈공식 8.3〉과 같이 정리될 수 있다.

$$\text{신뢰구간 방식을 통한 비율검정: } \hat{\pi}_1 - \hat{\pi}_2 \pm Z\hat{\sigma}_{\hat{\pi}_1 - \hat{\pi}_2} \quad \text{공식 8.2}$$

$$\text{유의성 방식을 통한 비율검정: } Z = \frac{(\hat{\pi}_1 - \hat{\pi}_2)}{\hat{\sigma}_{\hat{\pi}_1 - \hat{\pi}_2}} \quad \text{공식 8.3}$$

예를 들어, 제19대 국회의원 선거에서 성별에 따라 투표참여 비율 간의 차이 여부를 〈공식 8.2〉와 〈공식 8.3〉을 통하여 검증해 보자. 영 가설은 남성의 투표참여 비율과 여성의 투표참여 비율 간에 차이가 없다는 것이며($\pi_{남성} - \pi_{여성} = 0$), 대안 가설은 남녀 간에 차이가 있다는 것이다($\pi_{남성} - \pi_{여성} \neq 0$). 성별에 따른 투표참여 차별에 대한 이론적 제시가 없다고 가정하고, 양측검증에 기반을 둔 가설검증을 시도한다. 제19대 국회의원 선거에서 나타난 성별 투표참여의 비율은 〈표 8.1〉과 같다.

〈표 8.1〉 제19대 국회의원 선거 성별 투표참여 비율

(단위: 명)

	남성	여성
투표	390 (0.7863)	388 (0.7698)
기권	106 (0.2137)	116 (0.2302)
합계	496 (1.00)	504 (1.00)

※ 괄호 안은 비율.

〈표 8.1〉에 제시된 바와 같이, 표본 상에 나타난 남성의 투표참여 비율($\hat{\pi}_{남성}$)은 0.7863 또는 78.63%이며, 여성의 투표참여 비율($\hat{\pi}_{여성}$)은 0.7698 또는 76.98%이다. 두 비율 간의 차이($\hat{\pi}_{남성} - \hat{\pi}_{여성}$)는 1.65이며, 표준오차는 2.63이다. 비율검정은 표본에서 제시된 비율 간 차이 1.67과 이에 대한 표준오차인 2.63을 이용하여, 모집단의 비율차이가 0이라는 가설의 적절성을 검증하는 기법이다. 전술한 바와 같이, 검증 방식은 신뢰구간 구축 또는 유의성 검증 방식이 있다.

먼저 신뢰구간 구축을 통하여 가설을 검증해 보자. 신뢰수준은 일반적으로 사용되는 95% 신뢰수준이다. 95% 신뢰수준에서의 Z 값은 1.96이므로 〈공식 8.2〉는 다음과 같이 수정된다.

$$\text{비율검정 신뢰구간 검증: } 1.65 \pm 1.96 \times 2.63$$

$$\text{따라서, } -0.035 \leq \pi_{남성} - \pi_{여성} \leq 0.068$$

신뢰구간 구축을 통한 방식으로 성별에 따른 투표참여 비율을 검증해 본 결과,

95% 신뢰수준에서 성별에 따른 투표참여는 차별적이지 않았다. 왜냐하면 −0.035 ~ 0.068이라는 신뢰구간 안에 영 가설에서 제시된 모집단의 비율차이인 '0'이 포함될 가능성이 100번 중 95번이기 때문이다(생각해 보기: 이러한 판단의 오차는 얼마일까?) 따라서 표본에서 나타난 1.65%라는 차이는 단지 우연이거나 측정의 오류로 인한 결과라고 간주할 수 있다.

유의성 검증은 어떠한 판단을 내리게 될까? 전술한 바와 같이, 신뢰구간 구축 방식은 모수가 포함될 구간을 설정함으로써 가설을 검증하는 방식인 데 비하여, 유의성 검증 방식은 모수가 맞다면 현재의 표본이 얼마나 예외적인지를 파악함으로써 가설을 검증하는 방식이다. 그 공식은 〈공식 8.3〉에 제시되어 있다. 신뢰구간 구축과의 비교를 위하여 유의수준은 0.05로 정한다(생각해 보기: 95% 신뢰수준과 0.05 유의수준이 왜 비교 가능할까?)

$$\text{비율검정 유의성 검증: } Z = \frac{1.65}{2.63} = 0.63,\ \text{p} = 0.53$$

유의성 검증을 통한 방식에 있어서도, 성별에 따라 투표참여의 비율이 달라지지 않는다는 가설은 기각되지 않았다. 두 그룹 간의 차이가 없다는 전제 하에서 현재와 같은 표본이 나타날 Z 값은 0.63이고, 양측검증에서 이에 해당하는 확률은 0.53이었다. p 값 0.53은 사전에 설정된 유의수준 0.05보다 큰 수치이기 때문에 영 가설은 기각될 수 없다. 따라서 비율차이가 0이라는 모수의 전제 하에서 현재와 같은 표본은 그리 예외적이지 않은 표본이라 볼 수 있다(Stata로 따라 해 보기 참조).[27]

---

27) 소개된 비율검정 기법은 표본크기가 큰 경우에 대한 기법이다. 표본크기가 충분히 크지 않을 경우(예를 들어, 각 그룹당 20명 이하일 경우), 비율 간의 차이가 정규분포에 근접하지 않음으

2. 평균검정

두 개의 독립적 표본이 서로 다른 평균을 가지고 있는지, 아니면 같은 평균을 가졌는지를 검증할 수 있는 방법은 무엇이 있을까? 평균검정은 두 개 집단 간에 평균값의 차이가 있는지를 검증하는 방법이다. 앞서의 비율검정이 두 개 집단의 비율값에 대한 차이를 검증하는 방법이었다면, 평균검정은 두 개 집단의 평균값에 대한 차이를 검증하는 방법이다. 달리 이야기하면, 비율검정은 분석되는 대상의 척도가 이진수(binary number)로서 두 개의 값(예를 들어, 0 값과 1 값)만을 갖는다. 비율검정은 이러한 이진수에 대한 한 개 값의 비율을 구한 후에, 이 비율이 집단 간에 차이가 있는지를 검증하는 방법이다. 반면, 평균검정은 분석되는 대상의 척도가 등간척도 이상의 변수 또는 연속변수로서 사칙연산이 가능한 척도이다. 예를 들어, 연봉, 나이 등이 이에 해당된다(변수의 척도에 대한 논의는 제3장 제3절 참조).

평균검정과 비율검정이 분석하는 대상의 척도가 다르다는 점을 제외하면, 두 가지 검증 방식은 여러 가지 면에서 유사하다. 평균검정은 비율검정에서와 같이 '두 그룹 간의 차이'를 모수로 설정한 후, 표본을 통하여 이 모수가 '0' 값인지의 여부를 검증하는 방식이다.

가령 연구주제가 성별에 따른 여성 지도자 선호도라고 하자.[28] 남성의 여성

로 정규분포에 근거한 가설검증 기법을 사용할 수 없다(Agresti and Finlay 1997, p. 224). 이에 대한 해결책 중 하나로서 피셔의 정확검증(Fisher′s exact test) 기법이 소개되고 있다. 정확검증 기법에 대한 소개는 이 책의 범위를 넘는 것으로, Stata로 따라 해 보기 에 관련된 명령어만을 소개하고자 한다.

28) 후보자의 선호도가 등간변수/연속변수인지, 아니면 가변수인지에 대해서는 논쟁이 있을 수 있다. 그러나 이 책에서 사용되는 제19대 국회의원 유권자 조사 설문에서는 해당 질문이 연속변수로 간주되어 사용되는 바, 설명의 편의상 연속변수로 간주하여 사용하고자 한다.

지도자 선호도를 μ_1이라 하고 여성의 여성 지도자 선호도를 μ_2라고 할 때, 연구 주제는 $\mu_1 - \mu_2$가 '0'인지의 여부로서 정리될 수 있다. 이를 가설의 형태로 정리하면 다음과 같다.

영 가설 H_0: $\mu_1 - \mu_2 = 0$

대안 가설 H_a: $\mu_1 - \mu_2 \neq 0$

이 가설은 모수($\mu_1 - \mu_2$)에 대한 추정치($\overline{X_1} - \overline{X_2}$)와 이에 대한 표준오차($\hat{\sigma}_{\overline{X_1} - \overline{X_2}}$)를 기반으로 가설검증이 이루어진다.

앞서 비율검정의 경우와 같이, 평균검정의 핵심 사항은 추정치가 모수에 얼마나 근접하는지, 그리고 추정치에 대한 표준오차가 얼마나 확실성을 지니고 있는지에 달려 있다. 다행스럽게도 표본크기가 충분히 클 경우, 추정치($\overline{X_1} - \overline{X_2}$)는 모수($\mu_1 - \mu_2$)에 근접하면서 정규분포를 형성하는 것으로 알려져 있다(Agresti and Finlay 1997, p. 212)[29] 따라서 앞서 비율검정과 같이, 정규분포 속성에 근거하여 신뢰구간을 통한 방식과 유의성 검증을 통한 방식으로 평균값 간의 차이를 검증할 수 있다. 그렇지만 표본크기가 충분히 크지 않더라도(즉 n 〈 20), 모집단의 분포가 정규분포인 경우, 정규분포와 유사한 분포인 t 분포(student's t distribution)를 사용할 수 있다. t 분포는 정규분포의 속성을 적용할 수 있는 분포인 바, 일정한 자유도(즉 $df = n_1 + n_2 - 2$)와 함께 후술하는 설명이 적용될 수 있다(t 분포의 유의확률에 대해서는 〈부록 C〉 참조).

그룹 간 평균차이에 대한 추정치와 이에 대한 표준오차를 구하는 방식은 다음

29) 각 집단의 표본크기가 20이 넘을 경우, 표본크기가 충분히 크다고 볼 수 있다(Agresti and Finlay 1997, p. 214).

과 같다. 먼저 그룹 간 평균차이에 대한 모수($\mu_1 - \mu_2$)는 표본에서 각 그룹의 평균값 간의 차이 ($\overline{X_1} - \overline{X_2}$)로 대체된다. 예를 들어, 모수인 남성 그룹에서의 여성 지도자 선호도 평균(μ_1)과 여성 그룹에서의 여성 지도자 선호도 평균(μ_2) 간의 차이($\mu_1 - \mu_2$)에 대한 추정치는, 표본 상에서 나타난 남녀 그룹 간의 여성 지도자 선호도 차이($\overline{X_1} - \overline{X_2}$)이다.

평균 추정치에 대한 표준오차 공식은 $\hat{\sigma}_{\overline{X}} = \sqrt{\frac{s^2}{n}}$ 이기 때문에, '평균차이'의 추정치에 대한 표준오차 공식은 〈공식 8.4〉와 같다.[30)]

$$\hat{\sigma}_{\overline{X_1} - \overline{X_2}} = \sqrt{\frac{s^2{}_1}{n_1} + \frac{s^2{}_2}{n_2}}$$ 공식 8.4

단, $s^2 = \frac{\sum_{i=1}^{n}(X_i - \overline{X})^2}{n-1}$, 그리고 아랫 첨자는 그룹 번호

(생각해 보기: 왜 이런 공식이 도출될까?)

따라서 평균차이에 대한 가설검증 기법인 평균검정은 〈공식 8.5〉와 〈공식 8.6〉과 같이 정리될 수 있다.

신뢰구간 방식을 통한 평균검정: $\overline{X}_1 - \overline{X}_2 \pm Z\hat{\sigma}_{\overline{X_1} - \overline{X_2}}$ 공식 8.5

유의성 방식을 통한 평균검정: $Z = \frac{(\overline{X_1} - \overline{X_2})}{\hat{\sigma}_{\overline{X_1} - \overline{X_2}}}$ 공식 8.6

단, 표본크기가 20보다 작을 경우, Z 대신 $df = n_1 + n_2 - 2$ 인 t 분포가 사용된다.

30) 평균 추정치의 표준오차는 $\sigma_{\overline{X}} = \sqrt{\frac{\sigma^2}{n}}$ 이며, 이에 대한 추정치는 $\widehat{\sigma_{\overline{X}}} = \sqrt{\frac{s^2}{n}}$ 이다. 따라서 비율검정의 경우와 같이, 논의의 편의상 '평균 추정치 표준오차에 대한 추정치'를 '평균 추정치 표준오차'로 하고자 한다.

예를 들어, 제19대 국회의원 선거에서 성별에 따른 여성 지도자 선호도 차이가 존재하는지 검증해 보자. 영 가설은 남성의 평균 여성 지도자 선호도와 여성의 평균 여성 지도자 선호도 간에 차이가 없다는 것이며($\mu_1 - \mu_2 = 0$), 대안 가설은 남녀 간에 차이가 있다는 것이다($\mu_1 - \mu_2 \neq 0$). 성별에 따른 여성 지도자 선호도에 대한 이론적 제시가 없다고 가정하고, 양측검증에 기반을 둔 가설검증을 시도한다. 제19대 국회의원 선거에서 나타난 남녀의 여성 지도자에 대한 선호도는 〈표 8.2〉와 같다. 지도자 선호도는 0점부터 10점까지의 11점 척도가 사용되었으며, '0' 값은 매우 싫어하는 것을 의미하고, '10' 값은 매우 좋아하는 것을 의미한다.

〈표 8.2〉 제19대 국회의원 선거 성별 여성 지도자 선호도

	여성 지도자 선호도	
	평균	표준편차
남성	5.73	2.86
여성	5.78	2.93

〈표 8.2〉에 제시된 남성의 평균 여성 지도자 선호도는 5.73($\overline{X_1}$)이며, 여성의 평균 여성 지도자 선호도는 5.78($\overline{X_2}$)로, −0.05의 차이로서 여성이 남성보다 여성 지도자를 더 선호하고 있었다. 〈공식 8.4〉에 의하여 계산된 평균값 차이의 표준오차는 0.19이다. 평균검정은 표본에서 제시된 −0.05의 차이와 표준오차 0.19를 고려하여, 모집단에서의 평균 차이가 0이라는 가설의 적절성을 검증하는 기법이다.

먼저 신뢰구간 구축을 통하여 가설을 검증해 보자. 신뢰수준은 일반적으로 사용하는 95% 신뢰수준이며, 이때의 Z 값은 1.96이므로 〈공식 8.5〉는 다음과 같이 수정된다.

평균검정 신뢰구간 검증: $-0.05 \pm 1.96 \times 0.19$

따라서, $-0.42 \leq \mu_1 - \mu_2 \leq 0.32$

신뢰구간 구축을 통한 방식으로 성별에 따른 여성 지도자 선호도의 차이를 검증해 본 결과, 95% 신뢰수준에서 성별에 따른 선호도 차이는 나타나지 않았다. 왜냐하면 95% 신뢰수준에서 생성된 신뢰구간(-0.42부터 0.32까지) 안에 영 가설에서 제시된 모집단의 평균 차이(즉 0)가 100번 중 95번 포함되고 있기 때문이다. 따라서 표본에서 나타난 남녀 간의 여성 지도자 선호도 차이는 단지 우연이나 측정의 오류로 인한 결과라고 간주할 수 있다.

그렇다면 유의성 검증을 통한 가설검증도 같은 결론을 내리게 될까? 신뢰구간 구축을 통한 검증과 일관성을 위하여, 유의수준은 0.05로 한다.

$$\text{평균검정 유의성 검증: } Z = \frac{-0.05}{0.19} = -0.27, \text{p} = 0.77$$

유의성 검증을 통한 방식에 있어서도 영 가설은 기각되지 않았다. 두 그룹 간의 차이가 없다는 전제 하에서 현재와 같은 표본이 나타날 Z 값은 -0.27이고, 양측검증 상에서 이에 해당하는 확률은 0.77이었다(Stata로 따라 해 보기 참조). 따라서 p 값 0.77은 사전에 설정된 유의수준 0.05보다 큰 수치이기 때문에 영 가설을 기각할 수 없다. 따라서 평균 차이가 0이라는 모수의 전제 하에서 현재와 같은 표본은 그리 예외적이지 않은 표본이라 할 수 있다.[31)]

---

31) 표본크기가 충분히 크지 않을 경우(즉 20 이하)를 상정하여, 확률을 계산해 보았다. 〈표 8.2〉에 제시된 남성의 표본크기는 474이고, 여성의 표본크기는 483이므로 자유도는 955이다(df = 474+483-2). 그리고 t 값은 $-0.27 (= \frac{-0.05}{0.19})$이므로, 양측검증 하에서의 확률은 0.77로서 Z 값에 기준한 확률과 같다.

제2절_세 그룹 이상의 비교

만약 비교되는 그룹이 두 개가 아닌 세 개 이상일 경우, 어떠한 방법을 사용할 수 있을까? 두 개 그룹 간의 비교는 두 그룹 간의 '차이'를 모수로 설정한 후, 그 차이의 표준오차를 계산하여 가설검증을 했다. 세 개 그룹에 있어서도 같은 방법이 사용될 수 있지만, 여기에는 여러 가지 한계점이 있다. 예를 들어, 비교되는 쌍은 '그룹 수(그룹 수-1)'의 개수로 증가함에 따라, 그룹이 10개만 되더라도 비교되는 쌍의 개수가 45개(=10(10-1)/2)에 이른다. 더욱 문제가 되는 점은 그룹 간의 차이가 이와 같은 방식으로 계산될 경우, 가설검증을 위하여 구축된 신뢰구간이 잘못된 유추를 할 가능성이 커진다는 점이다(Agresti and Finaly 1997, p. 446). 예를 들어, 95% 신뢰수준의 신뢰구간은 100번 중 5번의 오류 가능성을 내포하고 있다. 따라서 비교되는 쌍의 수가 45쌍일 경우, 평균 2.25개(=45×0.05)의 신뢰구간이 잘못된 유추될 가능성이 있다. 따라서 3개 이상의 범주를 지닌 변수에 대해서는 새로운 검증 방법이 필요하게 된다.

이러한 필요성에 부응하여 개발된 방법 중 하나가 분산분석(Analysis of Variance 또는 ANOVA)이다.[32] 분산분석은 3개 이상의 그룹 간 평균에 대한 분석으로서, 분석되는 그룹의 모든 평균이 같은지 여부를 판단하는 기법이다. 분산분석의 전제는 각 그룹의 분포가 정규분포라는 정규분포 전제, 각 그룹은 독립적 표본이라는 독립적 표본 전제를 기반으로 적용된다. 분산분석을 형식화하면, 다음과 같다.

32) 다른 주요 방법으로는 회귀분석(regression analysis) 등이 있다.

영 가설 　H₀: $\mu_1 = \mu_2 = \cdots = \mu_g$, g는 그룹의 수

대안 가설 H_a: 적어도 한 그룹의 평균은 나머지 그룹과 다름.

기법의 이름에서 예상할 수 있듯이, 분산분석(Analysis of Variance)은 그룹의 분산을 이용한 기법으로서, 그룹 '간' 분산, 그리고 그룹 '내' 분산이라고 하는 두 가지 형태의 분산에 기반을 두고 있다. 이때 그룹 간 분산이란 그룹 전체의 평균에서 각 그룹의 평균이 얼마나 떨어져 있는지를 의미하며, 그룹 내 분산이란 각 그룹의 평균에서 그룹 내의 관측값이 얼마나 떨어져 있는지를 의미한다. 예를 들어, 〈그림 8.1〉의 (a)는 그룹 간 분산은 큰 반면, 그룹 내 분산은 작은 경우이다. 반대로 (b)는 그룹 간 분산은 작은 반면, 그룹 내 분산은 큰 경우이다. 두 그래프를 비교할 때 예상할 수 있는 바와 같이, (b)에 비해 (a)가 그룹 간 서로 다른 평균을 가질 가능성이 크다.

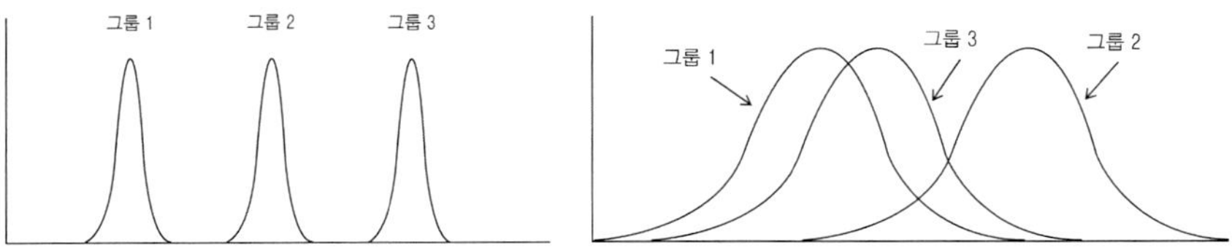

(a) 그룹 간 분산은 크고, 그룹 내 분산은 작은 경우 　(b) 그룹 간 분산은 작고, 그룹 내 분산은 큰 경우

〈그림 8.1〉 분산분석의 논리

분산분석은 그룹 간 분산과 그룹 내 분산이 서로 다르게 갈 때($\frac{\text{그룹 간 분산}}{\text{그룹 내 분산}}$), 그룹 간 평균값이 서로 다를 가능성이 커진다는 점에 착안하여 만들어졌다. 즉 그룹 간 분산은 크고 그룹 내 분산은 작을 때, 그룹 간 평균이 서로 다를 가능성이

가장 높다. 그 뒤를 이어, 그룹 간 분산이 작고 그룹 내 분산도 작을 때, 또는 그룹 간 분산이 크고 그룹 내 분산도 클 때, 그 가능성은 중간이다. 끝으로 그룹 간 평균이 서로 다를 가능성이 가장 낮을 때는 첫 번째 경우의 반대인 그룹 간 분산이 작고 그룹 내 분산이 클 때이다. 이러한 논리에 기반을 둔 분산분석의 공식은 〈공식 8.7〉과 같다.[33]

$$F_{g-1,\, N-g} = \frac{BSS/(g-1)}{WSS/(N-g)} \qquad \text{공식 8.7}$$

그룹 간 분산을 의미하는 BSS (between sum of squares)가 분자에 놓여 있고 그룹 내 분산을 의미하는 WSS (within sum of squares)가 분모에 위치함으로써 각 그룹의 평균이 다를 경우, $\frac{BSS/(g-1)}{WSS/(N-g)}$ 값은 커지게 된다. 분산분석 F 통계치라 불리는 $\frac{BSS/(g-1)}{WSS/(N-g)}$ 값은 〈그림 8.2〉에 제시된 바와 같이 분자자유도$= g-1$와 분모자유도$= N-g$를 지닌 F 분포를 그린다(F 분포의 유의확률은 〈부록 E〉 참조). g는 그룹의 개수, 각 그룹의 표본크기는 $n_1, n_2, \cdots, n_g$이며, N은 표본의 전체크기($= n_1 + n_2 + \cdots + n_g$)이다.

33) 〈공식 8.7〉을 풀면 다음과 같다.

$$F_{g-1,\, N-g} = \frac{BSS/(g-1)}{WSS/(N-g)} = \frac{\sum_g n_g(\overline{Y_g} - \overline{\overline{Y}})^2/(g-1)}{\sum_g \sum_i (Y_{ig} - \overline{Y_g})^2/(N-g)} = \frac{n_1(\overline{Y_1} - \overline{\overline{Y}})^2 + \ldots + n_g(\overline{Y_g} - \overline{\overline{Y}})^2/(g-1)}{(n_1-1)s_1^2 + \ldots + (n_g-1)s_g^2/(N-g)}$$

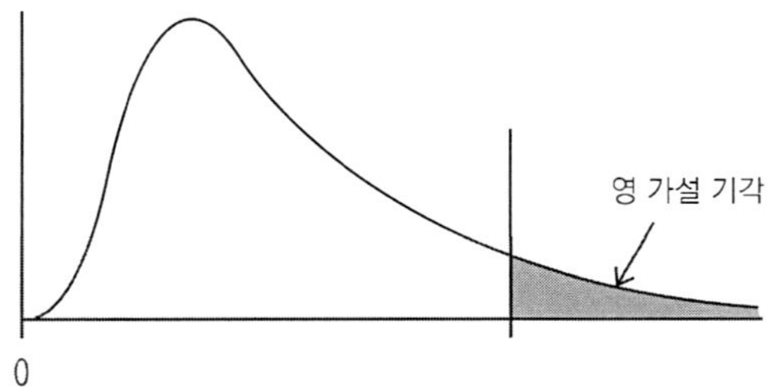

〈그림 8.2〉 F 분포

예를 들어, 제19대 국회의원 선거에서 나타난 유권자의 이념성향이 세대에 따라 다른지를 검증해 보자. 즉 청년층의 평균적 이념성향, 중년층의 평균적 이념성향, 그리고 노년층의 평균적 이념성향이 같은지 여부를 검증해 보자. 이를 형식화하면, 다음과 같다.

영 가설 H_0: $\mu_{청년} = \mu_{중년} = \mu_{노년}$

대안 가설 H_a: 적어도 청년, 중년, 노년 중 한 그룹의 이념성향은 다른 그룹과 다름.

독립변수인 세대는 청년, 중년, 노년의 세 개 그룹으로 범주화되었다. 종속변수인 이념성향은 등간변수로, 0 값은 가장 진보적, 10 값은 가장 보수적임을 의미하는 11점 척도로 측정되었다. 제19대 국회의원 선거에서 나타난 세대별 이념성향은 〈표 8.3〉과 같다.

〈표 8.3〉 세대별 이념성향

세대	표본크기	평균	표준편차
청년	302	4.50	1.99
중년	293	5.71	2.51
노년	122	6.86	2.24

설문에 응답한 전체 유권자 717명의 평균 이념성향 5.40을 기준으로 볼 때, 청년은 다소 진보적이었고, 중년은 다소 보수적이었으며, 노년은 가장 보수적인 것으로 나타났다. 그러나 각 그룹의 표준편차를 고려할 때, 그룹 간의 평균이가 모집단에서도 나타나는지는 확실하지 않다. 따라서 세대별 이념성향의 평균이 서로 다른지를 분산분석을 통하여 검증해 보자.

분산분석 F 통계치를 계산하기 위해서는 BSS와 WSS 수치가 필요하며, 이는 〈공식 8.7〉을 이용하여 계산할 수 있다.

$$BSS = n_1(\overline{Y_1} - \overline{\overline{Y}})^2 + \ldots + n_g(\overline{Y_g} - \overline{\overline{Y}})^2$$

$$= 302 \times (4.50 - 5.40)^2 + 293 \times (5.71 - 5.40)^2$$

$$+ 122 \times (6.86 - 5.40)^2$$

$$= 531.88$$

$$WSS = (n_1 - 1)s_1^2 + \ldots + (n_g - 1)s_g^2$$

$$= (302 - 1) \times 1.99^2 + (293 - 1) \times 2.51^2$$

$$+ (122 - 1) \times 2.24^2$$

$$= 3642.05$$

BSS와 WSS 수치를 고려할 때, 분산분석 F 통계치는 다음과 같다.

$$F_{3-1,\,717-3} = \frac{BSS/(g-1)}{WSS/(N-g)} = \frac{531.88/(3-1)}{3642.05/(717-3)} = 52.14$$

분자자유도는 2, 분모자유도는 714인 F 값은 52.14이다. 그리고 F 분포의 유의확률에 근거할 때, F 값 52.14의 확률은 $6.409e^{-22}$로서, 일반적으로 사용되는 유의수준 0.05보다 극히 낮은 수치이다. 따라서 세대별 이념성향이 같다고 가정한 영 가설이 맞다면, 이러한 표본이 나타날 확률은 $6.409e^{-22}$임에 따라 영 가설은 기각된다. 즉 세대별 이념성향은 적어도 하나의 그룹에서는 다를 가능성이 크다(Stata로 따라 해 보기 참조).

분산분석은 독립변수가 하나인 경우뿐만 아니라, 독립변수가 두 개인 경우, 세 개 이상인 경우에도 사용될 수 있다. 이와 같이 사용되는 독립변수의 수가 두 개인 경우를 이원분산분석(two-way ANOVA)라고 하고, 독립변수의 수가 세 개 이상인 경우를 다원분산분석(factorial ANOVA)이라고 한다. 그렇지만 분산분석은 회귀분석의 특수한 경우로 간주할 수 있는 바(Agresti and Finlay 1997, pp. 449-462), 이에 대한 논의는 이 책에서 다루지 않기로 한다.

Stata로 따라 해 보기

```
use 19NA, clear

* 제1절 두 그룹 간의 비교

* 1. 비율검정
tabulate v9 pq3, col
gen turnout = 0 if v9==2
        replace turnout = 1 if v9==1
        label define turnoutlabel 0 "기권" 1 "참여"
        label values turnout turnoutlabel
gen gender = 0 if pq3==1
        replace gender = 1 if pq3==2
        label define genderlabel 0 "남성" 1 "여성"
        label values gender genderlabel
tabulate turnout gender, col

* 남성의 투표참여
sum turnout if gender==0
di sqrt(.7862903*(1-.7862903)/496)

* 여성의 투표참여
sum turnout if gender==1
di sqrt(.7698413*(1-.7698413)/504)

* 비율차이
di .7862903-.7698413
```

```
* 표준오차
di sqrt((.7862903*(1-.7862903)/496)+.7698413*(1-.7698413)/504)

* 신뢰구간 구축
di .016449 - 1.96*.02627442
di .016449 + 1.96*.02627442

* 유의성 검증
di .016449/.02627442
di normalden(.62604617)
di 2*normalden(.62604617) /* 양측검증 */

* 독립적 표본에 대한 비율검정
prtest turnout, by(gender) level(95)

* 표본 수가 적을 경우의 비율검정: "findit permtest"를 통하여 st0134를 다운로드 받음.
permtest2 turnout if pq1==9, by(gender) /* 강원지역만의 비율검정*/
prtest turnout if pq1==9, by(gender) level(95)

* 2. 평균검정
table v14_4 gender if v14_4 ~=96 & v14_4 ~=98 & v14_4 ~=99, row
table gender if v14_4 ~=96 & v14_4 ~=98 & v14_4 ~=99, c(mean v14_4 sd v14_4)

* 평균 차이
di 5.727848 - 5.778468
```

```
* 표준오차
di sqrt( (2.855169^2)/474 + (2.926945^2)/483)

* 신뢰구간 구축
di -.05062 - 1.96*.18691005
        di -.05 - 1.96*.19
di -.05062 + 1.96*.18691005
        di -.05 + 1.96*.19

* 유의성 검증
di -.05062/.18691005
di normalden(-.27082546)
di tden(955, -.27082546)
di 2*tden(955, -.27082546) /* 양측검증 */

* 독립적 표본에 대한 평균검정
ttest v14_4 if v14_4 ~=96 & v14_4 ~=98 & v14_4 ~=99, by(gender) level(95)

* 3. 분산분석
gen simpleperiod = 0 if pq4 >=19 & pq4 < 40
        replace simpleperiod = 1 if pq4 >=40 & pq4 < 60
        replace simpleperiod = 2 if pq4 >=60
        label define simpleperiodlabel 0 "청년" 1 "중년" 2 "노년"
        label values simpleperiod simpleperiodlabel

sum v15_1 if v15_1 ~=98 & v15_1 ~=99
table simpleperiod if v15_1 ~=98 & v15_1 ~=99, c(n v15_1 mean v15_1 sd v15_1)
                                                  /* 모름, 무응답 제외 */
```

```
* BSS
di(302*(4.50331-5.398884)^2+293*(5.71331-5.398884)^2+122*(6.86066-5.398884)^2)

di(302*(4.50331-5.398884)^2+293*(5.71331-5.398884)^2+122*(6.86066-5.398884)^2)/(3-1)

* WSS
di((302-1)*1.992925^2+(293-1)*2.511561^2+(122-1)*2.235386^2)

di((302-1)*1.992925^2+(293-1)*2.511561^2+(122-1)*2.235386^2)/(717-3)

* 분산분석 F 통계치
di 265.93764/5.1009046
di Fden(2, 714, 52.135388)

* 분산분석
anova v15_1 simpleperiod
        oneway v15_1 simpleperiod /* oneway 명령어로도 가능함. */
        reg v15_1 simpleperiod /* 회귀분석 상단의 결과와 분산분석 결과 간에
                                  유사함. */
```

| 제9장 | 유추통계: 회귀분석과 상관관계 분석

지금까지 다양한 유형의 유추통계 기법들이 소개되어 왔다. 예를 들어, 최소한 하나의 변수가 명목변수일 때 사용할 수 있는 기법, 두 변수 모두가 순서변수일 때 사용할 수 있는 기법, 그리고 범주형 변수와 등간변수 간의 관계를 분석할 때 사용할 수 있는 기법 등이 소개되었다. 이 장에서는 이의 연장선상에서 두 변수 모두 등간변수일 때 사용할 수 있는 기법을 소개하고자 한다.

앞으로 소개할 기법은 회귀분석과 상관관계 분석이다. 두 기법 모두 등간변수 간의 관계를 측정한다는 점에서 공통점이 있지만, '관계'를 바라보는 시각에 차이가 있다. 예를 들어, 회귀분석은 독립변수와 종속변수 간의 관계를 가장 잘 나타내 주는 '예측선'을 찾는 데 주요한 목적이 있다. 이 선을 통하여, 독립변수 한 단위의 변화가 종속변수에 얼마만큼 영향을 미치는지 파악할 수 있다. 한편, 상관관계 분석은 파악된 선을 중심으로 관측값들이 얼마나 '긴밀'하게 뭉쳐 있는지 또는 흩어져 있는지를 파악하는 데 주요한 목적이 있다. 이를 통하여, 상관관계 분석은 하나의 변수가 다른 변수를 얼마나 확실히 결정하는지를 파악할 수 있다.

제1절_회귀분석

회귀분석은 독립변수와 종속변수 간의 관계를 가장 잘 설명할 수 있는 '예측선'을 찾아, 독립변수 한 단위의 변화가 종속변수에 '평균적'으로 얼마만큼 영향을 미치는지를 파악하는 데 목적이 있다. 나아가, 파악된 예측선을 통하여 표본에 포함되지 않은 종속변수의 값을 예측하는 데에도 목적이 있다.

예를 들어, 아버지 키와 아들 키 간의 관계를 파악하는 연구가 있다고 하자. 아버지 키와 아들 키 간의 조합은 〈그림 9.1〉과 같다.

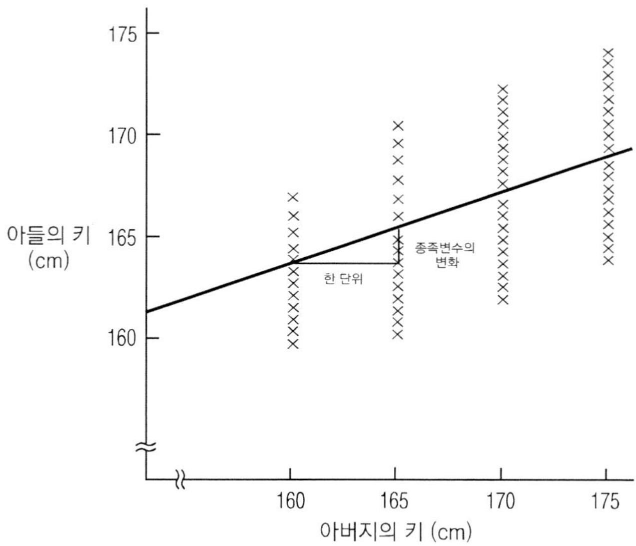

〈그림 9.1〉 아버지 키와 아들 키

〈그림 9.1〉의 독립변수는 아버지의 키(X축)이고, 종속변수는 아들의 키(Y축)이다. 아버지 키와 아들 키 간의 조합은 '×'로 표시되어 있다. 회귀분석의 목적은

이러한 관측값들을 대상으로 독립변수인 아버지의 키가 종속변수인 아들의 키에 미치는 영향력을 가장 잘 반영하는 '예측선'을 찾는 데 있으며, 이를 통해 아버지 키 한 단위의 변화(〈그림 9.1〉 상에서 '한 단위')가 아들의 키에 미치는 영향의 정도('종속변수의 변화')를 파악하는 데 있다.

〈그림 9.1〉을 자세히 보면, 독립변수인 아버지의 키를 기준으로 아들의 키가 일정한 분포를 형성하고 있음을 알 수 있다. 예를 들어, 아버지 키가 160cm인 경우, 이 값을 기준으로 아들 키 값들이 일정한 분포를 형성하고 있다. 이와 같은 경우는 아버지 키가 165cm인 경우, 170cm인 경우, 그리고 175cm인 경우 모두 그러하다. 즉 아버지 키가 동일할지라도 아들의 키들은 다양한 양상을 보이고 있다.

그렇지만 아버지 키가 상승함에 따라 아들 키들의 평균도 상승하고 있음을 목격할 수 있다. 즉 아버지 키가 동일한 아들들은 다양한 키의 양상을 보이고 있지만, 아버지 키는 아들의 키에 평균적으로 긍정적인 영향을 미치고 있는 것이다. 따라서 회귀분석은 아버지 키가 아들 키들의 '평균'에 미치는 영향력을 파악하는 것으로 이해될 수 있다. 즉 회귀분석은 독립변수 한 단위의 변화가 종속변수에 '평균적으로' 어느 정도 영향을 미치는지를 파악하는 데 목적이 있다.

회귀분석은 독립변수가 종속변수에 미치는 관계가 일정한 형태를 지니고 있다고 전제한다. 가장 일반적 형태의 전제는 선형적 관계(linear form)이다. 이러한 전제에 따라, 회귀분석 모델의 기본 모델을 정리하면 〈공식 9.1〉과 같다.

$$Y_i = \alpha + \beta X_i \quad \text{공식 9.1}$$

Y는 종속변수이고, X는 독립변수이며, i는 관측값을 의미한다. α는 절편(intercept)이라 불리며, 독립변수의 값이 '0'일 때 Y의 값이다. β는 회귀분석의 주요 관심사로서 기울기 계수(slope coefficient)라 불리며, 독립변수와 종속변수 간의 '예측선', 즉 독립변수 한 단위의 변화가 종속변수에 미치는 '평균적 영향력'을 의미한다. α와 β를 통칭하여 회귀계수(regression coefficient)라 부른다.

〈공식 9.1〉는 독립변수와 종속변수 간의 결정적 관계(deterministic relationship)를 가정하고 있다. 즉 연구자가 α와 β를 알고 있고 독립변수의 값을 알고 있다면, 종속변수의 값을 완벽하게 예측할 수 있다는 결정적 관계를 가정하고 있다. 그렇지만 정치현상을 비롯한 사회적 현상은 우연 등의 요소로 인하여 이러한 결정적 관계가 아닌 확률적 관계(stochastic relationship)인 경우가 대부분이다. 〈그림 9.1〉에 있어서도, α, β, 그리고 독립변수의 값이 주어진다 할지라도, 종속변수의 값들은 다양하게 분포되어 있다. 따라서 〈공식 9.1〉은 〈공식 9.2〉와 같이, 확률적 요소가 가미된 모집단 회귀분석 모델(population regression model)로 수정될 필요가 있다.

$$\text{모집단 회귀분석 모델: } Y_i = \alpha + \beta X_i + \epsilon_i \qquad \text{공식 9.2}$$

ϵ 는 확률적 관계를 상징하는 오차항(error term)이다. 따라서 모집단 회귀분석 모델은 독립변수와 종속변수 간의 결정적 관계($Y_i = \alpha + \beta X_i$)와 확률적 관계(ϵ_i)가 공존하는 모델로 이해될 수 있다.

한편, 모집단 회귀분석 모델을 종속변수를 기준으로 평균할 경우, 우연적 요소는 사라지면서 〈공식 9.2〉는 〈공식 9.3〉으로 단순화된다(생각해 보기: 왜 X는 평균을 취하지 않을까? 힌트: 독립변수의 조건 중 하나로서 X는 주어진 상수로 간주하기 때문이지 않을까?). 단순화된 〈공식 9.3〉에서 나타나듯이, 모집단 회귀분석 모델은 독립변수 한 단위의 변화에 따른 종속변수의 '평균적' 변화를 의미하는 모델이다.

$$E(Y_i) = \alpha + \beta X_i \qquad \text{공식 9.3}$$

언제나 그래왔듯이, 정치학자는 대부분의 경우 모집단을 대상으로 연구하지 못한다. 일반적으로 정치학자는 표본을 통하여 모집단의 관계를 유추해야만 한다. 그렇다면 회귀분석에 있어서 모집단의 회귀계수인 절편(α)과 기울기 계수(β)를 추정하는 데 적합한 추정치는 어떤 것일까?

표집분포이론에 제시되어 있듯이, 표본평균들의 평균을 추정하는 데 가장 적합한 추정치는 표본의 평균이다. 또한 모집단 표준오차에 대한 가장 적합한 추정치는 표본의 표준오차다. 따라서 일정한 조건이 충족될 경우,[34] 모집단 회귀계수인 절편(α)과 기울기 계수(β)를 추정하는 데 적합한 추정치는 표본에서 파악된 절편(a)와 기울기 계수(b)가 된다(Gujarati 1995, pp. 59-68). 이러한 전제에 따라, 모집단 회귀분석 모델을 유추하기 위한 표본 회귀분석 모델(sample regression model)을 정리하면, 〈공식 9.4〉와 같다.

34) 일정한 조건이란 독립변수와 종속변수 간의 관계가 선형적이라는 조건, 잔차(residual)의 평균이 '0'이라는 조건, 잔차의 분산이 등분산이라는 조건, 잔차가 자기상관(autocorrelation)이 아니라는 조건, 독립변수와 잔차 간에 공분산이 없다는 조건, 표본크기가 회귀계수보다 많다는 조건, 독립변수의 값이 변화한다는 조건, 회귀분석 모델이 바르게 구성되어 있어야 한다는 조건, 독립변수 간에 다중공선성(multicollinearity)이 없다는 조건이다(Gujarati 1995, pp. 59-68). 이러한 조건이 부합되는지에 대한 검증 기법들, 그리고 이러한 조건이 훼손될 때 사용하는 다양한 회귀분석 모델은 Gujarati(1995)를 참조하기 바람.

$$표본\ 회귀분석\ 모델:\ Y_i = a + bX_i + e_i$$ 공식 9.4

또한 〈공식 9.2〉에서 〈공식 9.3〉으로의 전환 과정에서 제시된 바와 같이, 표본 회귀분석 모델 또한 독립변수 한 단위의 변화에 따른 종속변수의 '평균적' 변화로 단순화시킬 수 있다. 이에 대한 공식은 〈공식 9.5〉와 같다.

$$\widehat{Y_i} = a + bX_i$$ 공식 9.5

$\hat{Y}$는 'Y hat'라 불리며, 독립변수 X의 값이 주어졌을 경우, 예측되는 종속변수 Y의 값이다.

이제 우리에게 주어진 과제는 독립변수가 종속변수에 미치는 영향력을 가장 잘 설명할 수 있는 '예측선'을 찾는 일이다. 이는 독립변수의 값이 주어질 경우, 종속변수의 값을 가장 잘 예측할 수 있는 '예측선'을 찾는 일이기도 하다. 달리 이야기하면, 우리에게 주어진 과제는 〈공식 9.4〉와 〈공식 9.5〉에 제시된 절편(a)과 기울기 계수(b)를 찾는 일이다.

〈그림 9.1〉 상의 관측값들에 있어서는 어떤 예측선이 가장 바람직한지를 살펴보자. 〈그림 9.2〉는 〈그림 9.1〉에 다양한 형태의 선을 삽입해 놓은 그림이다.

〈그림 9.2〉에는 세 개의 선이 놓여 있다. ($a + bX$)로 표시된 선은 〈그림 9.1〉에 제시된 선이고, ($a' + bX$)는 본래의 선에 절편만을 변화시킨 선이며, ($a + b'X$)는 본래의 절편에 기울기 계수만을 변화시킨 선이다. 어떠한 선이 독립변수가 종속변수에 미치는 영향력을 가장 잘 표현하는 예측선일까? 절편만을 변화시킨 ($a' + bX$)는 독립변수가 종속변수에 미치는 영향력의 크기는 바르게 제시할 수 있지만, 종속변수의 예측값은 항상 높게 나올 것이다. 반면, 기울기 계수만을 변화시킨

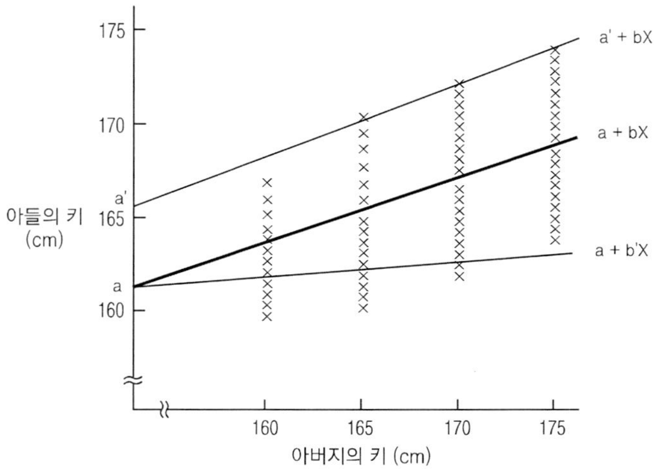

〈그림 9.2〉 회귀계수의 추정

$(a+b'X)$는 영향력의 크기에 있어서나 종속변수의 예측값 모두에서 잘못된 수치가 나올 것이다.

$(a'+bX)$나 $(a+b'X)$에 비하여, 관측값들의 '중앙'을 관통하는 $(a+bX)$는 아버지 키가 아들 키에 미치는 영향력을 비교적 잘 표현해 주는 예측선이 된다. 다른 각도에서 이를 표현하면, 독립변수가 종속변수에 미치는 관계를 가장 잘 표현해 주는 예측선은 종속변수의 실제 값(Y)과 예측된 값($\hat{Y}$) 간의 차이를 최소화시키는 예측선이 된다. 〈공식 9.5〉의 관점에서 보면, 가장 적절한 예측선이란 (실제 값 - 예측된 값) $= (Y-\hat{Y}) = e$가 최소화되는 순간의 a와 b로 이루어진 선이다.

최소자승법(ordinary least squares, 이하 OLS)은 이와 같은 논리를 적용하여 회귀계수를 측정한다. 단, 최소자승법은 실제 값과 예측된 값의 차이가 서로 상쇄될 수 있는 가능성을 배제하기 위하여 차이에 제곱(e^2)을 취한다. 즉 〈그림

9.3〉에 제시된 바와 같이, e_1과 e_4, 그리고 e_2와 e_3가 서로 상쇄되는 것을 방지하기 위하여 각 차이에 제곱을 취한다.

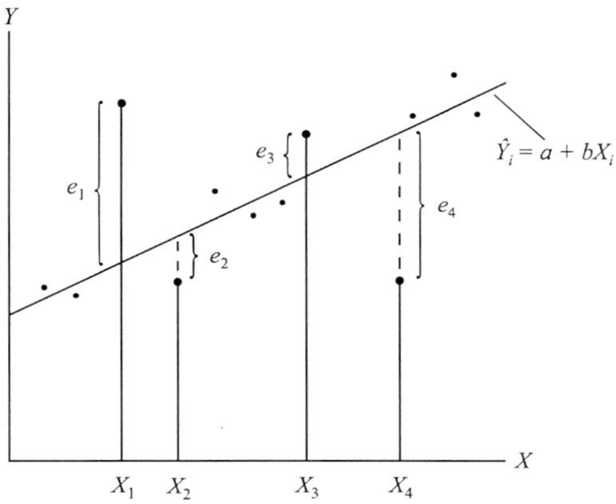

〈그림 9.3〉 최소자승법의 논리

최소자승법을 사용하여, 표본 회귀분석 모델의 a와 b를 찾는 방식은 다음과 같다.

$$\min(\sum e^2) = \min\sum(Y_i - \widehat{Y}_i)^2 = \min\sum[Y_i - (a + bX_i)]^2$$

이 식을 b에 대하여 편미분하게 되면, 다음과 같이 a와 b를 구할 수 있다(신민철 2007, 441쪽).

$$\text{기울기 계수 } b = \frac{\sum(X_i - \overline{X})(Y_i - \overline{Y})}{\sum(X_i - \overline{X})^2} = \frac{COV_{XY}}{s_X^2}$$

$$\text{절편 } a = \overline{Y} - b\overline{X}$$

이러한 회귀계수는 가장 확실성이 높고 편향되지 않은 회귀계수(best linear unbiased estimator, 줄여서 BLUE)로 알려져 있다(Gujarati 1995, pp. 72-74).

제19대 국회의원 선거 때 연령이 이념성향에 미친 영향력을 회귀분석을 통해 분석해 보자. 이들 간의 관계는 〈그림 9.4〉와 같다.

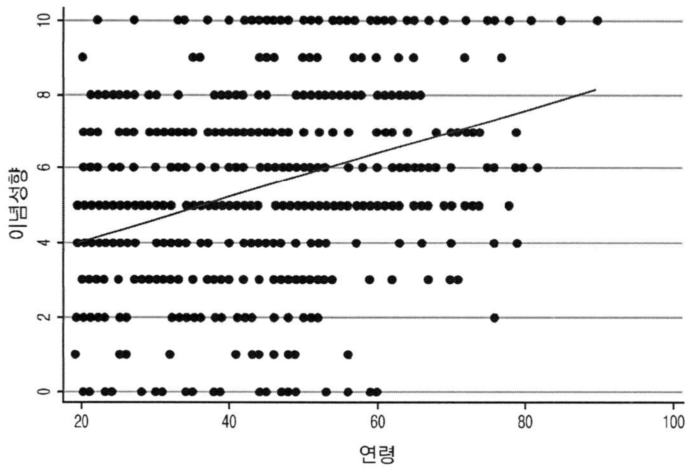

〈그림 9.4〉 연령과 이념성향

〈그림 9.4〉의 독립변수는 연령(X축)이고, 종속변수는 이념성향(Y축)이다. '●'으로 표시된 관측값은 특정 연령에 속하며 특정 이념성향을 가진 개별 응답자를 의미한다. 〈그림 9.4〉에 제시된 '예측선'은 실제 관측값과 예측값 간의 차이를 최소화시키는 선으로서 정비례 방향을 보이고 있다. 즉 예측선은 연령이 높은 응답자일수록 이념성향이 보수화됨을 보여 주고 있다.

그렇다면, 〈그림 9.4〉에 제시된 예측선의 절편과 기울기 계수는 어떤 수치인가? 달리 이야기하면, 연령 한 단위의 변화가 이념성향에 어느 정도 영향을 주며,

특정 연령의 이념성향은 어떤 수준인 것으로 예측할 수 있는가? 이에 대한 해답은 연령과 이념성향에 대한 〈공식 9.6〉을 b 에 관하여 편미분하면 구할 수 있다.

$$\text{이념성향}_i = a + b\text{연령}_i + e_i \qquad \text{공식 9.6}$$

다행히 대부분의 통계 프로그램은 자체적으로 회귀분석을 위한 프로그램을 탑재하고 있으며, Stata 또한 'regress'라는 명령어를 통하여 회귀분석을 실행한다(Stata로 따라 해 보기 참조). 그 결과물은 〈그림 9.5〉와 같다.

〈그림 9.5〉 상단에 위치한 "regress ideology age"는 이념성향에 대한 Stata 회귀분석 명령어 문장이다(즉 regress 종속변수 독립변수). 회귀분석 결과는 하단에 제시되어 있는데, 회귀계수(regression coefficient)인 절편(a)은 '_cons' 옆에 있는 수치(2.84)이고, 기울기 계수(b)는 변수명인 age 옆에 있는 수치(0.06)이다. 기울기 계수가 의미하는 바는 연령이 한 단위(즉 1세) 높을수록, 이념성향은 0.06만큼 보수화된다는 의미이다. 달리 이야기하면, 독립변수가 종속변수에

```
. regress ideology age

      Source |       SS       df       MS              Number of obs =     717
-------------+------------------------------           F(  1,   715) =  115.13
       Model |  578.887678     1  578.887678           Prob > F      =  0.0000
    Residual |  3595.03143   715  5.02801599           R-squared     =  0.1387
-------------+------------------------------           Adj R-squared =  0.1375
       Total |  4173.91911   716  5.82949596           Root MSE      =  2.2423

------------------------------------------------------------------------------
    ideology |      Coef.   Std. Err.      t    P>|t|     [95% Conf. Interval]
-------------+----------------------------------------------------------------
         age |   .0593424   .0055305    10.73   0.000     .0484844    .0702004
       _cons |   2.843851   .2524167    11.27   0.000     2.348284    3.339417
------------------------------------------------------------------------------
```

〈그림 9-5〉 이념성향에 대한 회귀분석 결과 화면

미치는 영향력은 정비례하며, 그 영향력의 크기는 0.06이다. 이를 〈공식 9.6〉에 맞추어 재구성하면, 다음과 같다.

$$이념성향_i = 2.84 + 0.06연령_i + e_i$$

재구성된 방정식에 따라, 특정 연령의 이념성향을 예측할 수 있다. 예를 들어, 연령이 20세인 유권자의 예측된 이념성향 값은 4.04(=2.84+0.06×20)이고, 30세은 4.64(=2.84+0.06×30)이며, 60세은 6.44(=2.84+0.06×60)이다.

그렇지만 표본 회귀분석 모델에서 파악된 a와 b는 '표본'의 회귀계수이다. 따라서 표본의 회귀계수가 얼마나 모집단의 회귀계수(즉 α와 β)에 근접해 있는지를 파악할 필요가 있다. 표본 회귀계수를 통한 모집단 회귀계수의 유추 과정은 표집분포이론에 기반을 두고 있다(제5장 제1절 참조). 즉 표본 평균들의 표집분포에서와 같이, 표본 회귀계수들의 표집분포를 파악하여, 이를 기반으로 모집단 회귀계수에 대해 추정하고 이에 관한 표준오차를 구한다. 표본 회귀계수들의 표집분포는 몬테칼로 방법(Monte Carlo method)을 통한 모의시행 방법을 통하여 생성할 수 있다.[35] 기울기 계수(b)를 대상으로 생성된 회귀계수들의 표집분포는 〈그림 9.6〉과 같다.

35) 회귀계수는 모멘트(moment) 방식을 통하여 계산할 수 있다. 모멘트 방법에 대해서는 Goldberger(1991, p. 27)를 참조하고, 모멘트 방법을 통한 모집단 회귀계수 추정치와 이에 관한 표준오차에 대한 증명은 Wonnacott and Wonnacott(1990, pp. 651-652)를 참조할 것.

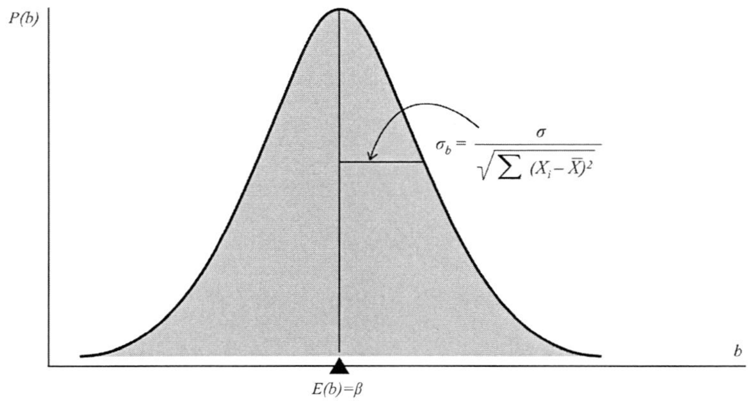

〈그림 9.6〉 기울기 계수(b)의 표집분포

〈그림 9.6〉에 제시된 바와 같이, 기울기 계수(b)의 표집분포는 정규분포를 그리며, 모집단 회귀계수의 추정치와 이에 대한 표준오차는 〈공식 9.7〉과 〈공식 9.8〉과 같다.

기울기 계수의 추정치 $E(b) = \beta$ 　　공식 9.7

기울기 계수의 표준오차 $\sigma_b = \frac{\sigma}{\sqrt{\sum (X_i - \overline{X})^2}}$ 　　공식 9.8

〈공식 9.7〉은 기울기 계수들로 구성된 표집분포의 평균[즉 $E(b)$]이 모집단 기울기 계수 β에 대한 적합한 추정치라는 것을 말해 주고 있다. 또한 〈공식 9.8〉은 기울기 계수들로 구성된 표집분포의 표준오차(σ_b)는 모집단 예측선으로부터 실제 관측값 간의 차이와 이를 독립변수의 값으로 표준화시킨 값이라는 점을 이야기해 주고 있다(즉 $\sigma_b = \frac{\sigma}{\sqrt{\sum (X_i - \overline{X})^2}} = \frac{\sum (Y_i - E(Y_i))^2/(n-2)}{\sqrt{\sum (X_i - \overline{X})^2)}}$).

$E(b)$에 대한 최상의 추정치가 b라는 점, 그리고 σ에 대한 최상의 추정치가 표본상의 차이($\sum(Y_i - \hat{Y}_i)^2/(n-2)$)라는 점을 고려하면,[36] 〈공식 9.7〉과 〈공식 9.8〉은 각각 다음과 같이 전환된다.

기울기 계수의 추정치: b 공식 9.9

기울기 계수의 표준오차: $SE(b) = \dfrac{\sum(Y_i - \hat{Y}_i)^2/(n-2)}{\sqrt{\sum(X_i - \overline{X})^2}}$ 공식 9.10

기울기 계수의 추정치와 이에 대한 표준오차가 마련되면, 표본에서 획득한 기울기 계수를 통하여 모집단 회귀계수에 대한 유추가 가능해진다. 또한 이를 통하여, 가설검증도 가능해진다. 가설검증 방식에는 신뢰구간 구축을 통한 방식과 유의성 방식의 두 가지가 있다(제5장 제1절 참조).

신뢰구간 구축을 통한 가설검증 방식은 신뢰수준을 설정한 후, 모집단 모수가 포함되는 신뢰구간을 제시하는 방법이다. 한편 유의성 검증 방식은 모집단 모수가 적절하다면, 표본이 얼마나 예외적인지를 파악하는 방식이다. 공식은 〈공식 9.11〉과 〈공식 9.12〉와 같다.

신뢰구간 방식을 통한 회귀계수 검증: $b \pm t \times SE(b)$ 공식 9.11

유의성 방식을 통한 회귀계수 검증: $t = \dfrac{b - b_0}{SE(b)}$ 공식 9.12

〈공식 9.12〉에서 b_0는 영 가설에서 제시된 영향력의 크기이다. 일반적으로

---

36) 표본에서 실제 관측값과 예측선 간의 차이는 제곱근평균제곱오차(root mean square root, 이하 Root MSE)라 부르며, 공식은 $\sum(Y_i - \hat{Y}_i)^2/(n-2)$의 값에 제곱근을 취한 값이다.

영향력이 없다는 '0'이 제시됨에 따라, 〈공식 9.12〉는 $t = \frac{b}{SE(b)}$ 로 단순화될 수 있다.

앞서 언급한, 제19대 국회의원 선거에서 연령이 이념성향에 미치는 영향력에 대한 가설검증을 시도해 보자. 영 가설과 대안 가설은 다음과 같다.

영 가설 H_0: $\beta = 0$ (즉 연령은 이념성향에 영향을 미치지 못한다.)

대안 가설 H_a: $\beta \neq 0$ (즉 연령은 이념성향에 영향을 미친다.)

〈그림 9.5〉에 제시된 β에 대한 추정치(b)는 0.06이며, 이에 대한 표준오차 [$SE(b)$]는 0.006이다. 또한 표본크기는 717이며, 자유도는 715($df = n - k - 1 = 717 - 1 - 1$, k는 절편을 제외한 회귀계수의 개수)이다. 이러한 수치에 기반을 두어, 95% 신뢰수준에서 연령이 이념성향에 미치는 영향력 크기의 신뢰구간을 구축하면 다음과 같다.

$0.06 \pm 1.96 \times 0.006$

또는 $0.048 \sim 0.070$

즉 95% 신뢰수준에서 기울기 계수의 신뢰구간은 0.048부터 0.070이며, 이 구간은 모집단 회귀계수 β를 100번 중 95번 포함한다. 따라서 이러한 신뢰구간에 비추어 볼 때, 연령이 이념성향에 미치는 영향이 없다는 가설은 신빙성이 떨어진다.

〈공식 9.12〉에 따라 유의성 검증을 시도하면, 다음과 같다. 유의수준은 신뢰수준과의 조응을 위하여, 0.05로 설정되었다.

$$t = \frac{0.06}{0.006} = 10, df = 715, \mathrm{p} = 2.006^{e-22}$$

b 값과 이에 대한 표준오차 값을 고려할 때, t 값은 10이 된다. 자유도 715에서 이에 대한 t 분포의 확률은 2.006^{e-22}로서 사전에 설정된 0.05보다 낮은 수치이다. 따라서 영 가설이 적절하다면, 이러한 기울기 계수가 표본에서 나타날 가능성은 극히 낮으며, 따라서 영 가설은 적절하지 않은 것으로 기각된다.

현재까지 설명된 가설검증의 결과물들은 이미 〈그림 9.5〉 하단에 제시되어 있다. 논의의 편의를 위하여, 관련된 부분을 재현하면, 〈그림 9.7〉과 같다. 't', 'P > $|t|$', '[95% Conf. Interval]' t 각각에는 t 값, 유의확률, 그리고 신뢰구간이 표시되어 있다.

ideology	Coef.	Std. Err.	t	P>|t|	[95% Conf.	Interval]
age	.0593232	.0055343	10.72	0.000	.0484578	.0701886

〈그림 9.7〉 Stata 가설검증의 화면

현재까지 표본 회귀분석 모델에서 파악된 회귀계수를 통하여, 모집단 회귀분석 모델의 회귀계수를 유추하는 과정을 살펴보았다. 그렇지만 이와 같은 회귀분석 모델이 관측값을 얼마나 잘 설명하는지는 알 수 없다. 즉 최소자승법을 통하여 산출된 회귀계수의 예측선이 실제 관측값들을 얼마나 잘 설명하는지에 대한 수치는 제공되지 않고 있다. 가장 이상적인 형태의 예측선은 모든 관측값들이 회귀계수로 만들어진 '예측선' 위에 놓여 있어서, 실제 관측값과 예측된 값 간에 차이가 존재하지 않는 경우이다. 그렇지만 이러한 경우는 대부분 존재하지 않으며, 따라서 표본 회귀분석 모델의 설명력(goodness of fit) 수준을 밝혀 줄 수치가 필요하다. 더욱이 회귀분석 모델의 기울기 계수가 동일할지라도, 회귀분석 모델의 설명력에 차이가 발생할 수 있기 때문에 그 필요성은 더욱 커진다.

〈그림 9.8〉은 동일한 기울기 계수를 가진 회귀분석 모델 간의 설명력 차이를 보여 주는 그림이다(Shively 2002, p. 107).

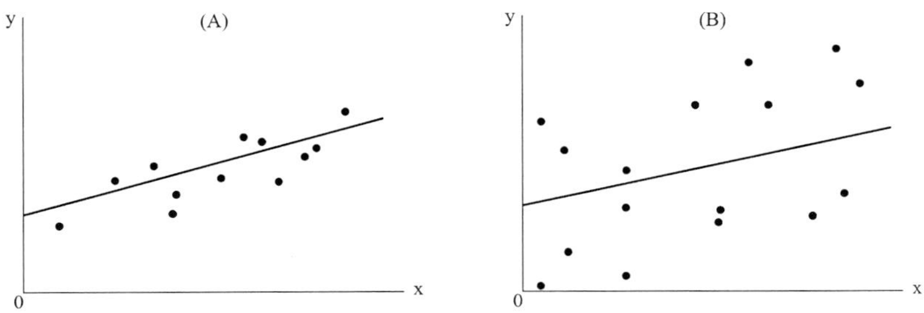

〈그림 9.8〉 회귀분석 모델 설명력의 두 가지 예

〈그림 9.8〉의 (A)와 (B)는 같은 기울기 계수를 가지고 있지만, 예측값과 실제 관측값 간의 차이에 차별성이 있다. 〈그림 9.8〉 (A)의 경우, 예측선을 중심으로 조밀하게 관측값이 모여져 있어, 예측값과 실제 관측값 간의 차이가 비교적 크지 않다. 반면 (B)의 경우, 예측선으로부터 관측값이 비교적 멀리 떨어져 있는 것을 발견할 수 있다. 따라서 같은 기울기를 가진 회귀분석 모델이라 할지라도, (A) 회귀분석 모델이 (B) 회귀분석 모델보다 설명력이 높다.

그렇다면 회귀분석 모델의 설명력을 측정할 수 있는 방법은 무엇일까? 회귀분석의 설명력은 독립변수가 존재하지 않을 때의 설명력, 즉 종속변수의 평균값과 대비되는 방식으로 이루어진다(생각해 보기: 아무런 사전지식 없이 방금 출생한 아이의 성별을 맞힐 확률은?). 달리 이야기하면, 회귀분석 모델의 설명력은 종속변수의 평균값으로부터 실제 관측값까지의 불확실성이, 회귀분석 모델로 인하여 얼마나 감소되었는지를 구하는 방식으로 이루어진다. 이를 그림으로 표현하면, 〈그림 9.9〉와 같다.

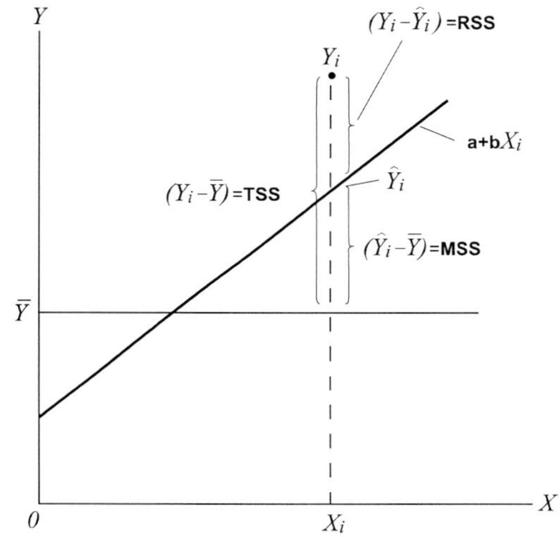

〈그림 9.9〉 회귀분석 설명력

〈그림 9.9〉는 독립변수(X_i)에 해당하는 실제 관측값(Y_i)과 이에 대한 예측값($\hat{Y}_i$), 그리고 종속변수의 평균값($\overline{Y}$)을 표시한 그림이다. 〈그림 9.7〉을 통하여, 실제 관측값에 대한 예측값의 거리, 그리고 평균값의 거리를 구할 수 있다. 예를 들어, $(Y_i-\overline{Y})$는 종속변수의 평균값으로부터 실제 관측값까지의 거리이며, $(Y_i-\hat{Y}_i)$는 예측값으로부터 실제 관측값 간의 거리이고, $(\hat{Y}_i-\overline{Y})$는 평균값으로부터 예측값까지의 거리이다. $(Y_i-\hat{Y}_i)$의 거리가 작으면 작을수록, 예측값이 관측값을 잘 설명하는 것이고, 따라서 모델의 설명력은 높다. 달리 이야기하면, $(\hat{Y}_i-\overline{Y})$의 거리가 커질수록, 평균값에 비하여 예측값이 관측값을 잘 설명하는 것이고, 따라서 모델의 설명력이 높은 것으로 간주할 수 있다. 따라서 이들

거리들의 합을 통하여, 모델의 설명력 수치를 제공할 수 있다. 거리들의 합은 서로 간의 상쇄를 방지하기 위하여, 제곱을 취한다.

전체의 제곱합(Total Sum of Squares, 이하 TSS): $\sum(Y_i - \overline{Y})^2$

잔차의 제곱합(Residual Sum of Squares, 이하 RSS): $\sum(Y_i - \widehat{Y}_i)^2$

모델의 제곱합(Model Sum of Squares, 이하 MSS): $\sum(\widehat{Y}_i - \overline{Y})^2$

$$r^2 = \frac{MSS}{TSS} = \frac{\sum(\widehat{Y}_i - \overline{Y})^2}{\sum(Y_i - \overline{Y})^2}$$ 공식 9.13

결정계수(coefficient of determination)라 불리는 r^2(단순 회귀분석의 경우) 또는 R^2(다중 회귀분석의 경우)는 독립변수(들)에 의하여 설명된 종속변수의 변화량을 의미한다. 단순 회귀분석 모델에 해당하는 r^2 값은 0부터 1까지 변화하며, 0은 독립변수에 의하여 설명된 종속변수의 변화량이 전혀 없는 경우이며, 1은 독립변수에 의하여 종속변수의 변화가 완벽하게 설명된 경우를 의미한다. 즉 r^2 값이 클수록 회귀분석 모델의 설명력도 높다.

앞서, 제19대 국회의원 선거를 분석한 〈그림 9.5〉에는 이미 TSS, MSS, RSS, 그리고 r^2에 대한 값이 제시되어 있다. 〈그림 9.5〉에서 관련된 부분을 재현하면, 〈그림 9.10〉과 같다. 'SS' 열을 보면, 'Total'은 TSS를 의미하며, 'Model'은 MSS를 의미하며, 'Residual'은 RSS를 의미한다. 오른쪽 편에 있는 'R-squared'는 r^2를 의미한다. 따라서 제19대 국회의원 선거 시 응답자의 이념성향의 변화량은 연령변수에 의하여 14% 정도 설명되었다고 이야기할 수 있다.[37)]

37) 하단의 $F(df_1, df_2)$는 회귀분석 모델에 삽입된 모든 독립변수의 영향력이 '0'이라는 가설을

```
. regress ideology age

      Source |       SS       df       MS              Number of obs =     717
-------------+------------------------------           F(  1,   715) =  115.13
       Model |  578.887678     1  578.887678           Prob > F      =  0.0000
    Residual |  3595.03143   715  5.02801599           R-squared     =  0.1387
-------------+------------------------------           Adj R-squared =  0.1375
       Total |  4173.91911   716  5.82949596           Root MSE      =  2.2423
```

〈그림 9.10〉 Stata 모델 설명력 화면

이상의 논의는 단순 회귀분석을 넘어 다중 회귀분석에도 적용될 수 있다. 즉 현재까지 논의된 바는 하나의 독립변수와 하나의 종속변수에 관한 단순 회귀분석 모델이었다. 그러나 이러한 논의는 두 개 이상의 독립변수와 하나의 종속변수에 관한 다중 회귀분석 모델에도 적용될 수 있다. 한 가지 유념할 점은 다중 회귀분석 모델에 있어서 독립변수의 영향력이란 독립된 영향력, 즉 다른 독립변수의 영향력이 통제된 상태에서 해당 독립변수가 종속변수에 미치는 영향력이라는 점이다(Agresti and Finlay 1997, pp. 359-360; 다중 회귀분석에 대한 논의는 Gujarati 1995 참조).

제2절_상관관계 분석

상관관계 분석(correlation analysis)은 등간변수를 대상으로 선형적 관계의 강도를 측정하는 기법이다. 즉 상관관계 분석은 '파악된 예측선'을 중심으로 한

검증하는 것이다. F는 독립변수의 설명력(즉 단순 회귀분석 모델의 경우 r^2, 다중 회귀분석 모델의 경우 R^2)에 기반을 두어 계산된다. 따라서 독립변수의 설명력이 높아질수록 F 값은 커지게 되고, 따라서 모든 독립변수의 영향력이 '0'이라는 가설은 기각되게 된다. $F(df_1, df_2)$에서 df_1은 절편을 제외한 회귀계수의 개수이며, df_2는 (표본크기-회귀계수 개수+1)이다.

변수가 다른 변수를 얼마나 확실히 결정하는지[즉 공변(共變)]를 분석하는 기법이다. 따라서 후술하는 바와 같이 상관관계 분석은 회귀분석 기울기 계수의 표준화된 수치로 이해될 수도 있다.

상관관계 분석이 두 변수가 얼마만큼 같이 공변하는지에 초점을 두고 있는데 비하여, 회귀분석은 독립변수 한 단위의 변화가 종속변수에 어느 정도 영향을 미치는지에 초점을 두고 있다. 또한 상관관계 분석은 독립변수와 종속변수의 구분이 없는 데 비해, 회귀분석은 인과관계가 설정되어 독립변수와 종속변수가 구분된다는 차이점 등이 있다. 〈그림 9.11〉을 통하여, 상관관계 분석을 이해해 보자.

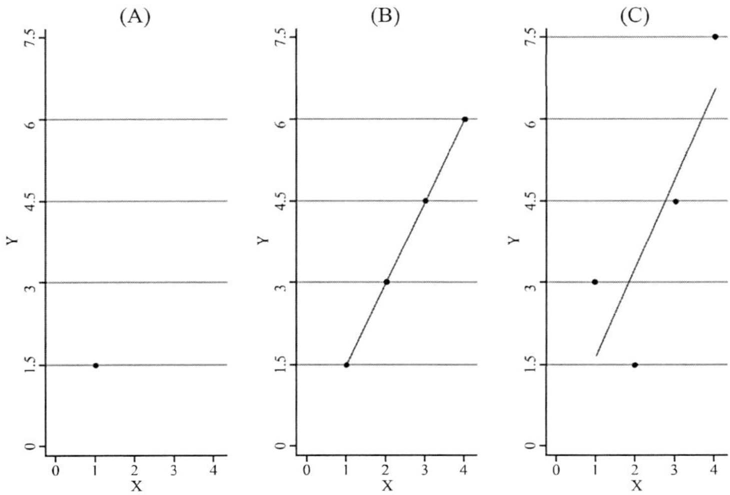

〈그림 9.11〉 선형적 공변 관계

〈그림 9.11〉은 세 개의 그림을 통하여, 선형적 공변 관계를 설명하고 있다. (A)에 제시된 바와 같이, X 좌표와 Y 좌표 상에 하나의 관측값이 있고, 그

관측값은 X축의 1, 그리고 Y축의 1.5에 해당하는 (1, 1.5)에 있다. 그리고 이어지는 관측값들이 (Y=1.5X)의 관계를 갖고 있다고 할 때, (A)는 (B)의 형태로 확장될 수 있다. 그렇지만 (C)의 관측값들은 예측선으로부터 다소 떨어진 곳에 놓여 있다.

만약 실제 관측된 경험적 관측값들이 (B)와 같다면, X 변수와 Y 변수는 완벽한 선형적 공변 관계라고 이야기할 수 있다. 즉 X 변수의 값을 아는 것으로 Y 변수 값을 완벽하게 결정할 수 있기 때문이다. 달리 이야기하면, (B)의 관측값들은 (Y=1.5X)의 관계로 1.5 기울기를 가진 예측선 상에 완벽하게 놓여 있기 때문에, X의 값을 아는 것만으로 완벽하게 Y 값을 예측할 수 있다[(1, 1.5), (2, 3), (3, 4.5), (4, 6)].

그렇지만 관측값들의 위치가 (C)와 같다면, X 변수와 Y 변수 사이에는 정비례 관계가 존재할 뿐, 그 공변성은 완벽하지 못하다. 즉 X 변수의 값이 상승함에 따라 Y 변수의 값도 일반적으로 상승하지만, 그 상승하는 크기가 일정하지 못하며, 예외적인 경우(X 변수의 값이 2일 경우)도 존재한다. 요약하면, 관측값들이 '예측선'으로부터 멀리 떨어질수록, X 변수와 Y 변수의 공변성은 떨어지고, 상관관계도 낮아진다고 판단할 수 있다.

가령 시간의 흐름과 나이 간의 관계를 살펴보자. 둘 간의 관계는 완벽한 공변관계로서 생각할 수 있다. 왜냐하면 한 해가 지날 때마다, 어김없이 나이가 한 살 많아지기 때문이다. 반면 시간과 몸무게 간의 관계는 그다지 완벽한 공변관계는 아닐 것이다. 장기적 관점에서 볼 때, 시간이 흐름에 따라 몸무게는 증가하지만, 매해 몸무게가 일관적으로 증가하지 않을 뿐만 아니라 증가하는 양도 일정하지 않기 때문이다.

그렇다면 상관관계의 수준은 어떻게 측정할 수 있을까? 이에 관한 대표적

방식으로 공분산(covariance)을 이용한 방식이 있다. 공분산이란 "하나의 변수(X_i)가 평균($\overline{X}$)을 기준으로 변함에 따라, 다른 변수(Y_i)가 평균($\overline{Y}$)을 기준으로 어떤 방향으로 얼마나 변화하는지"를 측정하는 방식이다(신민철 2007, 303쪽). 공분산은 변화의 값이 표본크기에 영향 받지 않도록 (표본크기−1)을 분모로 삽입함으로써 표준화된다. 공분산 공식은 〈공식 9.14〉이다.

$$COV_{XY} = \sum \frac{(X_i - \overline{X})(Y_i - \overline{Y})}{(n-1)}$$ 공식 9.14

공분산 공식의 분자는 두 변수 간의 공변 정도를 나타내며, 분모는 공분산 값이 표본크기에 영향 받지 않도록 하기 위하여 삽입된 것이다. 예를 들어, 〈그림 9.11〉의 (B)의 경우와 같이, 표본크기가 4이고, X 변수의 값이 (1, 2, 3, 4), Y 변수의 값이 (1.5, 3, 4.5, 6)인 경우, 〈공식 9.14〉의 수식에 따라 공분산 값을 계산하면, 2.5가 된다(Stata로 따라 해 보기 참조). 같은 방식으로 〈그림 9.11〉의 (C)의 공분산 값을 계산하면, 2.75가 된다(표본크기는 4, X 변수의 값이 (1, 2, 3, 4), 그리고 Y 변수의 값이 (3, 1.5, 4.5, 7.5)임, Stata로 따라 해 보기 참조).

그렇지만 공분산 공식의 문제점은 공분산 값이 변수의 단위에 따라 달라진다는 것이다. 예를 들어, 〈그림 9.11〉에서 (B) 관측값에 10을 곱한 후의 공분산 값은 2.5에서 25로 증가되며, (C) 관측값에 100을 곱한 후의 공분산 값은 2.75에서 275로 증가된다. 이와 같이 공분산은 공변의 정도를 파악하는 데 유용한 방식이지만, 관측값 단위의 변화에 민감하게 반응한다는 문제점이 있다. 이러한 문제점을 X의 표준편차(s_X)와 Y의 표준편차(s_Y)로 해결한 방식이 Pearson의 상관계수(Pearson's correlation coefficient, 이하 r)이다. r의 공식은 〈공식 9.15〉와 같다.

$$r = \frac{COV_{XY}}{s_X s_Y}$$ 공식 9.15

r 공식을 〈그림 9.11〉의 (B)와 (C)에 관측값에 적용해 보면, r 값은 각각 1.0과 0.83인 것을 알 수 있다(Stata로 따라 해 보기 참조). 이와 같은 값은 관측값 단위의 변화(즉 (B)의 관측값에 10을 곱한 경우, (C)의 관측값에 100을 곱한 경우)에도 변화하지 않았다(Stata로 따라 해 보기 참조).

r은 두 변수 간의 선형적 관계의 강도를 측정하는 기법으로, 다음과 같은 속성을 지니고 있다(Agresti and Finlay 1997, pp. 319-321)

1) $-1 \leq r \leq 1$
2) 두 변수가 독립적인 관계일 경우, $r = 0$

r은 -1부터 +1까지 변화한다. -1은 두 변수 간의 관계가 완벽하게 선형적인 반비례 관계를 의미하며, +1은 완벽하게 선형적인 정비례 관계를 의미한다. 한편, r의 절댓값이 0에 가까워질수록 두 변수 간 관계의 강도는 약화되는 것을 의미하며, r 값이 0일 경우 두 변수 간의 관계는 독립적인 것을 의미한다.

한편, r은 회귀분석 기울기 계수(b)의 표준화된 수치로 이해될 수도 있다. 〈공식 9.15〉에 제시된 바와 같이, $r = \frac{COV_{XY}}{s_X s_Y}$이며, 이 공식은 다음과 같이 전환될 수 있다.

$$r = \left(\frac{COV_{XY}}{s_X s_Y}\right) = \left(\frac{COV_{XY}}{s_X^2}\right)\left(\frac{s_X}{s_Y}\right) = \left(\frac{s_X}{s_Y}\right)b$$

따라서 독립변수의 표준편차와 종속변수의 표준편차가 같을 경우(즉 $s_X = s_Y$),

상관계수와 회귀계수는 동일한 수치를 보이게 된다. 이러한 경우가 발생하는 상황 중 하나가 독립변수(X)와 종속변수(Y) 모두가 Z 값으로 표준화되는 경우이다. 이러한 이유로 상관계수 r을 표준화된 회귀분석 계수(standardized regression coefficient)라고 부른다(Agresti and Finlay pp. 319-320).

이어서 표본에서 발견된 상관계수(r)를 토대로 모집단의 상관계수(ρ)를 유추하여 가설검증을 시도해 보자. 모집단 ρ에 대한 추정치는 r이며, 이에 대한 표준오차는 $\sqrt{(1-r^2)/(n-2)}$ 이다(Agresti and Finlay 1997, p. 334). 추정치와 이에 대한 표준오차를 통하여, r에 대한 유의성 검증 공식은 〈공식 9.16〉과 같다.

$$t = \frac{r}{\sqrt{(1-r^2)/(n-2)}} \qquad \text{공식 9.16}$$

단, $df = n-2$

예를 들어, 〈그림 9.11〉 (C)의 r에 대한 유의성 검증은 다음과 같다. (C)의 r 값은 0.83이었으며, 표본크기는 4였다. 따라서 이에 대한 t 값은 다음과 같다.

$$t = \frac{0.83}{\sqrt{(1-0.83^2)(4-2)}} = 2.10,\ df = 2,\ \text{p} = 0.09$$

따라서 p 값 0.09는 일반적으로 사용되는 유의수준 0.05보다 큰 수치이므로 영 가설은 기각되지 않는다(Stata로 따라 해 보기 참조). 즉 모집단의 상관계수가 '0'일 경우, 표본에서 나타난 r은 그리 예외적이지 않은 값이라는 이야기이다(생각해 보기: 만약 표본크기가 4에서 400으로 증가한다면, 통계적 유의성 검증은 어떻게 될까?)(Stata로 따라 해 보기 참조).

Stata로 따라 해 보기

```
* 제1절 회귀분석
use 19NA, clear

* 연령이 이념성향에 미치는 영향
gen age = pq4 /* pq4는 나이 변수 */
gen ideology = v15_1 /* v15_1는 주관적 이념성향 변수 */
        tabulate ideology
        drop if ideology==98 | ideology==99
scatter ideology age || lfit ideology age, xtitle(" " "연령") ytitle("이념성향") legend(off)
        graph export ch9_4.emf, replace

regress ideology age /* 회귀분석 모델 명령어 */
        predict yhat, xb /* 예측값을 구하는 명령어 */
        scatter ideology age || line yhat age
        di 2.84+0.06*20
        di 2.84+0.06*30
        di 2.84+0.06*60

* Root MSE
di sqrt(3595.03143/(717-2))

* 신뢰구간 구축을 통한 회귀계수 검증
di 0.06 - 1.96*0.006
di 0.06 + 1.96*0.006

* 유의성 방식을 통한 회귀계수 검증
di 0.06/0.006
di ttail(714, 10)
```

```
* 제2절 상관계수
use cor, clear
scatter Yone X, title("(A)") xlabel(0(1)4) xtitle("X") ylabel(0(1.5)7.5) ytitle("Y")
legend(off)
          graph save Yone, replace
scatter Ytwo X || line Ytwo X, title("(B)") xlabel(0(1)4) xtitle("X") ylabel(0(1.5)7.5)
ytitle("Y") legend(off)
          graph save Ytwo, replace
scatter Ythree X || lfit Ythree X, title("(C)") xlabel(0(1)4) xtitle("X") ylabel(0(1.5)7.5)
ytitle("Y") legend(off)
          graph save Ythree, replace
          graph combine Yone.gph Ytwo.gph Ythree.gph, col(3)
          graph export corr_graph.emf, replace

* 〈그림 9.11〉 (B)의 공분산 값
sum Ytwo Ythree X
di((1-2.5)*(1.5-3.75)+(2-2.5)*(3-3.75)+(3-2.5)*(4.5-3.75)+(4-2.5)*(6-3.75))/3
          corr Ytwo X, cov

* 〈그림 9.11〉 (C)의 공분산 값
di((1-2.5)*(3-4.125)+(2-2.5)*(1.5-4.125)+(3-2.5)*(4.5-4.125)+(4-2.5)*(7.5-4.125))/3
          corr Ythree X, cov

* 단위 변화에 민감한 공분산의 예
gen Ytwo10 = Ytwo*10
          corr Ytwo10 X, cov
gen Ythree100 = Ythree*100
          corr Ythree100 X, cov
```

```
* 〈그림 9.11〉 (B)의 상관계수 값
sum Ytwo Ythree X
di 2.5/(1.290994*1.936492)
          corr Ytwo X

* 〈그림 9.11〉 (C)의 상관계수 값
di 2.75/(1.290994*2.561738)
          corr Ythree X

* 10배 또는 100배 곱한 관측의 상관계수 값
sum Ytwo10 Ythree100 X
di 25/(1.290994*19.36492)
          corr Ytwo10 X
di 275/(1.290994*256.1738)
          corr Ythree100 X

* 〈그림 9.8〉 (C)의 r에 대한 유의성 검증
di(0.83-0)/sqrt((1-0.83^2)/(4-2))
di ttail(2, 2.10)
pwcorr Ythree X, sig
```

* 두 수치 간의 차이는 Stata의 pwcorr가 Pearson product-moment correlation coefficient와 이에 해당하는 방식을 사용하기 때문이다.

* Pearson product-moment correlation coefficient에 대해서는 2012년 STATABASE REFERENCEMANUAL RELEASE 12, 398쪽을 참고할 것.

* 계산의 편리함을 위해, pwcorr 명령어를 사용하기를 권고함.

```
* 만약 표본크기가 4에서 400으로 증가한다면,
di(0.83-0)/sqrt((1-0.83^2)/(400-2))
di tden(388, 29.69)
```

부록 A 통계 프로그램 Stata 사용법

1. Stata 소개

Stata는 명령어 입력방식의 통계 프로그램으로서 최근 메뉴 입력방식이 도입되었다. Stata의 이용의 가장 큰 장점은 데이터 관리(data management)에 있으며, 새로운 통계 모델이 제시되면 이에 맞게 자체 프로그램을 개발할 수 있다.

2. Stata 설치

1) CD를 CD-ROM에 넣는다.
2) 자동적으로 CD-ROM이 인식되면, setup.exe를 더블클릭하면 설치가 시작된다. 만약 자동적으로 인식되지 않으면, CD 드라이브가 있는 디렉터리에서 setup.exe를 찾아 더블클릭하면 설치가 시작된다.
3) 설치 화면이 나오면, 해당 화면의 내용을 숙지하고 Next를 클릭한다.
4) "Add Features" 항목에서는 구입한 Stata의 버전에 맞게 Stata/MP, Stata/SE, Stata/IC, Small Stata 중 한 가지를 선택한다(이 책의 경우 Stata/IC임).
5) 설치에 필요한 항목이 완료될 때까지 Next를 클릭한다.
6) 설치가 완료되면, Stata 아이콘() 또는 시작 메뉴에서 Stata를 클릭하면, Serial Number, Code, Authorization이라는 항목이 제시되며, 이때 구입한 CD에서 해당 내용을 찾아 입력한다.

7) 처음 Stata를 설치한 경우, 업데이트할지 묻는 창이 뜨는데, 이때 업데이트를 하는 것이 바람직하다.

3. Stata 시작하기

Stata를 설치한 뒤 Stata 아이콘 또는 시작 메뉴에서 Stata를 클릭하면 〈그림 A.1〉과 같은 화면이 뜬다.

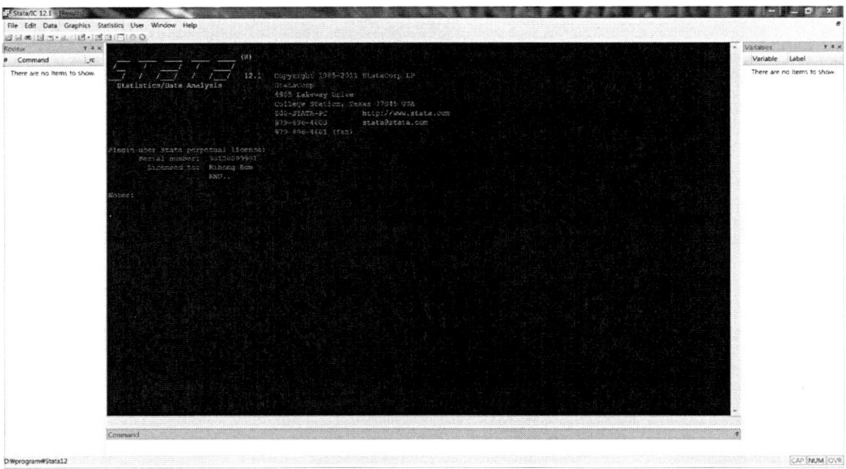

〈그림 A.1〉 초기화면

Stata는 기본적으로 4개의 창으로 구성되어 있다. 왼쪽 상단의 창은 Review 창으로서 현재까지의 작업 내용을 보여 준다. 오른쪽 상단의 창은 Variables 창으로서 입력한 데이터의 변수들을 보여 준다. 가운데 창은 Results 창으로서 분석 결과를 보여 준다. 끝으로 하단의 Command 창은 명령어를 입력하는 창이다. 최근 Stata는 명령어 입력방식에 더하여 메뉴방식을 더하고 있다. 예를 들어,

메뉴 바 상의 Statistics를 클릭하면, 간단한 기술 통계에서부터 이 책에서 소개된 유추통계들을 실행할 수 있다.

데이터를 Stata 상으로 불러오는 방법은 메뉴 바에서 “File → Open...”를 클릭한 후 해당 디렉터리에 접근하여, 기존 데이터를 클릭한 후 “열기”를 누르면 된다. 데이터를 불러온 후, 데이터의 내용을 보기 위해서는 메뉴 바 상의 “Data”를 클릭한 후 Data Editor 또는 Data Browser를 클릭하면 불러올 수 있다. Data Editor와 Data Browser의 차이는 전자가 해당 창에서 데이터를 조작할 수 있는 반면, 후자는 데이터를 조작할 수 없고 단지 볼 수만 있다는 것이다.

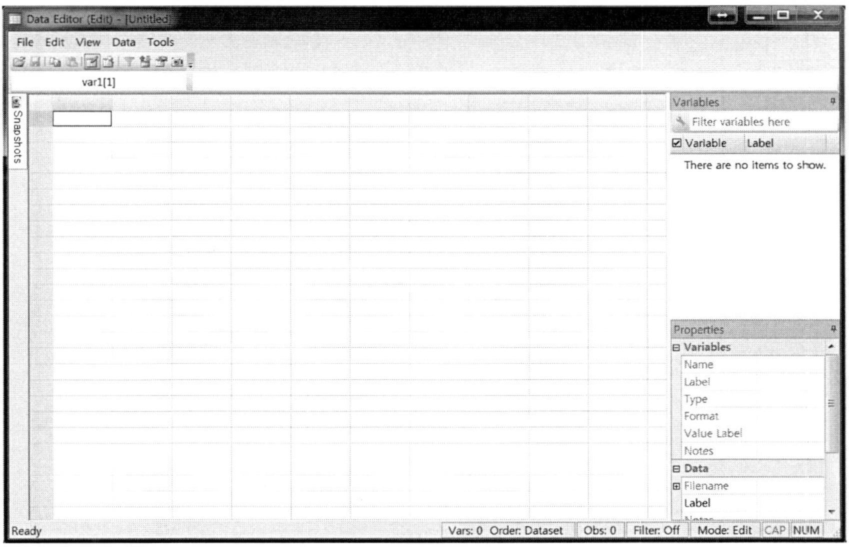

〈그림 A.2〉 데이터 창

4. 데이터 입력과 불러들이기

Stata에서는 여러 가지 방식으로 데이터를 입력할 수 있다. 첫 번째 방법은

Stata 데이터 창을 연 후, 데이터 창에 필요한 데이터를 직접 입력하는 방법이다. 한 가지 유념할 사항은 변수의 이름은 반드시 영어이어야 하며, 글자 또는 밑줄(-)로 시작해야 된다는 점이다. 예를 들어, var01, turnout, _01var, _투표참여 등은 변수의 이름이 될 수 있다. 그렇지만 한글 또는 숫자로 시작되는 변수의 이름은 Stata에서 허용되지 않는다(예를 들어, 투표참여, 01var 등). Stata 데이터 창 내에서 입력하는 방식은 〈그림 A.3〉과 같다.

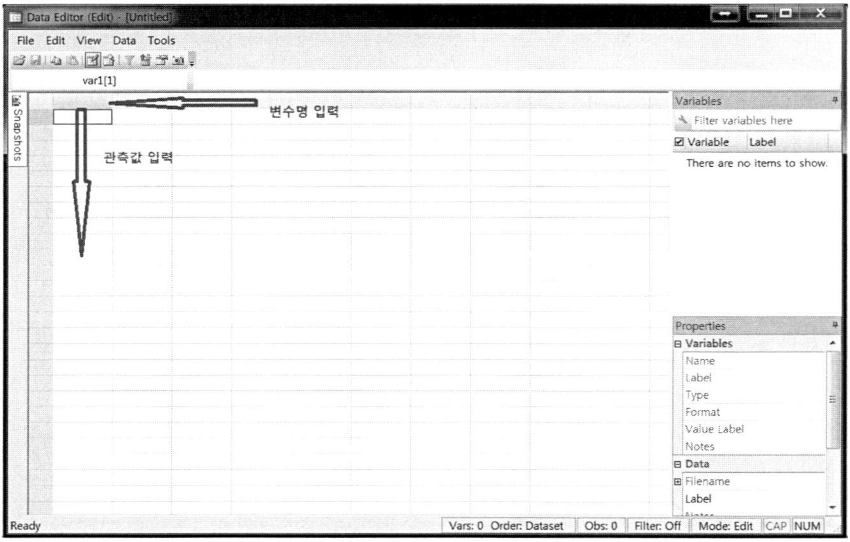

〈그림 A.3〉 데이터 창에서 데이터 입력

Stata는 다른 프로그램에 의하여 작성된 데이터를 전환하여 사용할 수 있다. 예를 들어, ASCII 파일(파일 확장자가 csv, txt인 경우), Excel 파일(파일 확장자가 xls, xlsx인 경우), SPSS 파일(파일 확장자가 sav, por인 경우), SAS 파일(sd, sas* 인 경우) 등 다양한 형태의 파일을 Stata 파일 형태로 전환한 후, Stata 내로 불러들여 사용할 수 있다. 가장 손쉬운 방법은 StatTransfer 프로그램을 구매하여 전환하는 방식이다. 해당 프로그램은 StatTransfer 사이트(http://www.stattransfer.com)를 통해 구매할 수 있다.

또는 Stata에서 메뉴 또는 명령어를 사용하여 데이터를 전환할 수 있다. 파일의 확장자 명이 csv, txt인 경우, 메뉴 상에서 "File 〉 Import 〉 ASCII data created by a spreadsheet"를 클릭하여 해당 파일을 클릭하면, 파일이 전환되어 Stata에 불러들여진다. 또는 Command 창에서 "insheet [변수명] using 파일 이름[, 옵션]" 명령어 문장을 활용하여 전환할 수 있다. 여기서 "[ ]" 명령어는 선택사항으로, 반드시 입력할 필요는 없다.

가장 광범위하게 사용되는 ASCII 파일을 예로 들어 보자. 전환되는 파일은 스프레드시트에서 작성된 19대 국회의원 선거 여론조사 데이터이다. 메뉴에 기반을 두어 전환하는 방식은 〈그림 A.4〉에 제시되어 있다.

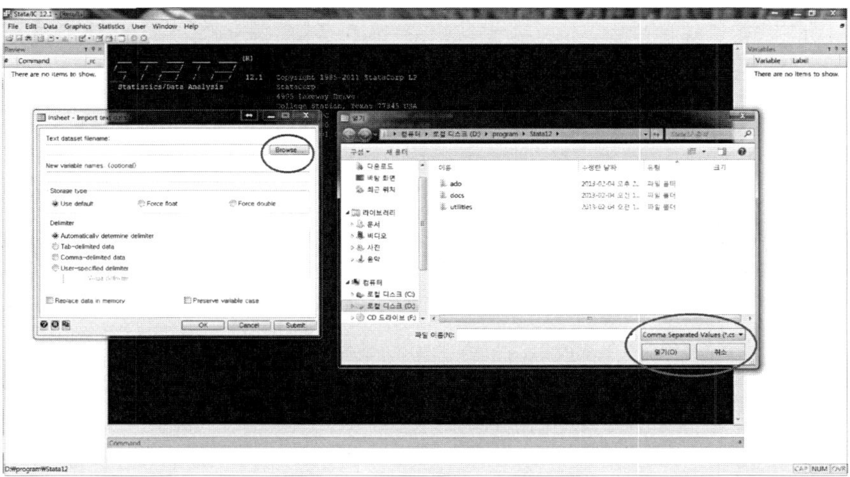

〈그림 A.4〉 메뉴 상에서 ASCII 파일의 전환

또는 데이터 전환은 Command 창에서 명령어를 통하여 전환할 수 있다. 명령어 문장은 박스 안에 제시되어 있다.

```
. insheet using "C:\polimeth\19na.csv"
(232 vars, 1000 obs)
```

박스 안의 내용은 "insheet"라는 명령어를 사용하여, "C:\polimeth" 디렉터리에 있는 "19na.csv" 파일을 불러들인 결과이다. 하단의 괄호 안에는 변수의 숫자(232 vars)와 관측값의 개수(1000 obs)가 표시되어 있다.

(생각해 보기: 메뉴를 이용하여 불러들이는 방식과 명령어를 이용하여 불러들이는 방식은 서로 유사한 점이 있다. 무엇일까?).

5. 변수의 생성과 조작

Stata의 가장 큰 장점 중 하나는 변수의 조작이 용이하다는 점이다. Stata는 프로그램 내에서 기존 데이터에 없는 새로운 변수를 생성할 수 있으며, 기존의 변수를 이용하여 새로운 변수를 만들 수도 있고, 기존의 변수를 새로이 정의할 수도 있다.

먼저 기존 데이터에 없는 새로운 변수를 생성하고자 할 경우, 메뉴 상에서 "Data 〉 Create or change data 〉 Create new variable" 또는 Command 상에서 "generate [변수유형] 변수명 = 표현[, 옵션]" 명령어 문장을 활용하여 새로운 변수를 생성할 수 있다. "generate"는 변수를 생성하라는 명령어이며, [변수 유형]은 생성되는 변수의 속성(즉 숫자 또는 글자)을 정해 준다. "변수명"은 새로이 생성되는 변수의 이름이고, "표현"은 변수를 생성시키는 방식을 의미한다. [, 옵션]은 변수 생성 시 추가될 수 있는 옵션을 의미한다.

“generate” 명령어를 이용하여 새로운 변수를 만들어 보자(“generate” 명령어는 “gen”으로 축약되어 사용될 수 있다).

```
. set obs 10
obs was 0, now 10
. generate polimeth = _n
```

박스 안의 “set obs 10”는 관측값 개수를 10으로 정하는 명령어이다. 명령어를 입력한 이후, 데이터 창을 열어 보면, 관측값 번호가 좌측 편에 표시되어 있다. “generate polimeth = _n”이라는 명령어 문장은 관측값 번호(_n)에 따라 값을 부여하는 방식으로, 새로운 변수 polimeth를 생성(generate)하라는 의미이다. 따라서 데이터 창을 열어 변수명이 polimeth인 변수를 보면, 관측값 번호 1번에는 관측값 “1”이 부여되어 있으며, 관측값 번호 2번에는 관측값 “2”가 부여되어 있다.

Stata는 기존의 변수를 이용하여 새로운 변수를 만들 수도 있다. 예를 들어, polimeth를 그대로 복사하여 새로운 변수 polimeth02를 만들 수 있다. 기존의 변수를 복사하여 사용하는 이유는 조작 과정에 있어서 변화된 변수 값을 원래의 값으로 복원하기 어렵기 때문이다.

```
. generate polimeth02 = polimeth
. generate polimeth03 = polimeth02*4
```

명령어 문장 “generate polimeth02 = polimeth”는 기존 polimeth를 그대로 복사하여 polimeth02를 생성하라는 명령어이다. 따라서 데이터 창을 열어 보면, polimeth와 polimeth02가 같음을 알 수 있다.

명령어 문장 "generate polimeth03 = polimeth02*4"는 복사된 polimeth02에 기반을 두어 polimeth03을 생성하되, polimeth02 변수 값에 "4"를 곱하여("*") 생성하라는 의미이다. 따라서 데이터 창을 열어 보면, polimeth02 변수의 값에 4를 곱한 값이 polimeth03임을 알 수 있다.

또한 Stata는 기존의 데이터 값을 새로이 정의할 수도 있다. 예를 들어, polimeth03의 변수 값이 사칙연산에 따라 새로이 정의될 수도 있으며, 다른 변수(이를테면 polimeth)에 따라 polimeth03 변수의 값이 다시 정의될 수 있다. 예를 들어, 아래 "* 사칙연산에 따른 변수 값 조작"에는 +("+4"), -("-4"), ×("*4"), ÷("/4")에 따라 polimeth03 변수의 값을 조정하는 명령어들이 나열되어 있다.

```
* 사칙연산에 따른 변수 값 조정
. replace polimeth03 = polimeth03+4
(10 real changes made)
. replace polimeth03 = polimeth03-4
(10 real changes made)
. replace polimeth03 = polimeth03*4
(10 real changes made)
. replace polimeth03 = polimeth03/4
(10 real changes made)

* 다른 변수와의 관계에 따른 변수 값 조정
. replace polimeth03 = 0 if polimeth==1 | polimeth==2 | polimeth==3 | polimeth==4
(4 real changes made)
. replace polimeth03 = 1 if polimeth==5 | polimeth==6 | polimeth==7
(3 real changes made)
. replace polimeth03 = 2 if polimeth==8 | polimeth==9 | polimeth==10
(3 real changes made)
```

변수의 값을 조정하는 명령어 문장은 “replace 변수명 = 표현 [if 조건][, 옵션]” 형식이다. 예를 들어, “* 사칙연산에 따른 변수 값 조작”의 첫 번째 명령어 문장인 “replace polimeth03 = polimeth03+4”가 의미하는 바는 “polimeth03” 변수의 값을 “polimeth03+4”라는 표현을 통하여 조정(replace)하라는 의미이다. 즉 기존 변수인 polimeth03의 값 각각에 4를 더하여 조정하라는 의미이다.

“replace” 명령어는 다른 변수와 함께 사용되어 특정 변수의 값을 조정할 수 있다. “* 다른 변수와의 관계에 따른 변수 값 조작”에 제시된 바와 같이, polimeth03 변수는 “if” 다음에 나오는 조건에 따라 변수의 값이 조정되고 있다. 예를 들어, 첫 번째 문장 “replace polimeth03 = 0 if polimeth==1 | polimeth==2 | polimeth==3 | polimeth==4”가 의미하는 바는 다음과 같다. 만약 “polimeth” 변수의 값이 “1”이거나, “2”이거나, “3”이거나, 또는 “4”인 경우, polimeth03 변수의 값을 “0”으로 조정하라는 것이다. 조건문에서 “또는”에 해당하는 명령어는 “|”이며, 변수의 값을 지정하는 부호는 “==”이다. (생각해 보기: “또는”에 해당하는 명령어가 “|”이다. 그렇다면 “그리고”에 해당하는 명령어는?).

6. Do-file 편집기

Stata의 장점은 프로그램 상에서 실행한 내용을 편집기를 통하여 저장·기록할 수 있다는 데 있다. Stata 편집기는 다양한 형태로 존재한다. 예를 들어, 메모장을 이용하여 Stata 상의 명령어를 입력할 수 있는데, 이때 확장자명을 “.do”로 저장하면 된다. 가장 활용도가 높은 편집기는 Stata 상에 존재하는 Do-file 편집기로, 메뉴 바 하단의 아이콘을 클릭하면 된다(〈그림 A.5〉 참조).

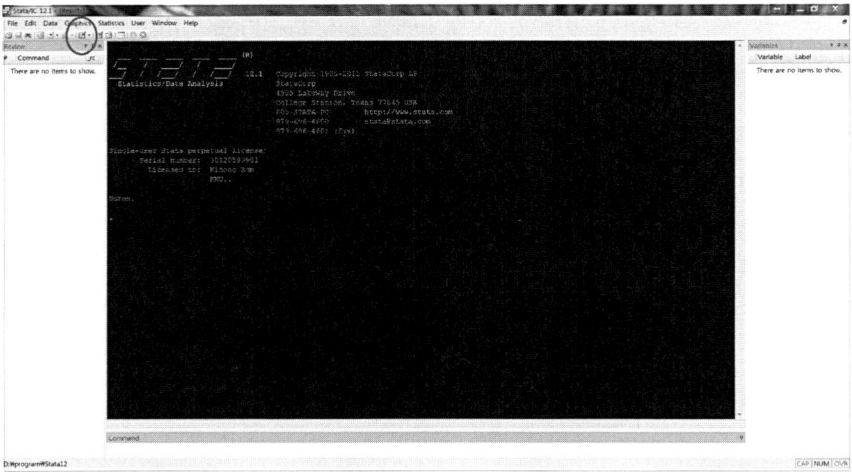

〈그림 A.5〉 Do-file 편집기

7. Stata 상의 도움말

Stata는 다양한 방식으로 도움을 요청할 수 있다. 가장 기본적인 형태는 메뉴 바의 "Help"를 클릭하는 방식이다. 메뉴 바의 "Help"를 클릭하면, 키워드에 기반한 검색(Search...), 명령어에 기반한 검색(Stata Command...) 등이 가능하다. 또는 Stata 내의 도움말과 인터넷 상에 존재하는 도움말을 동시에 검색하고자 원한다면, Command 창에서 "findit 키워드"를 입력하면 된다.

부록 B 표준정규 분포의 유의확률

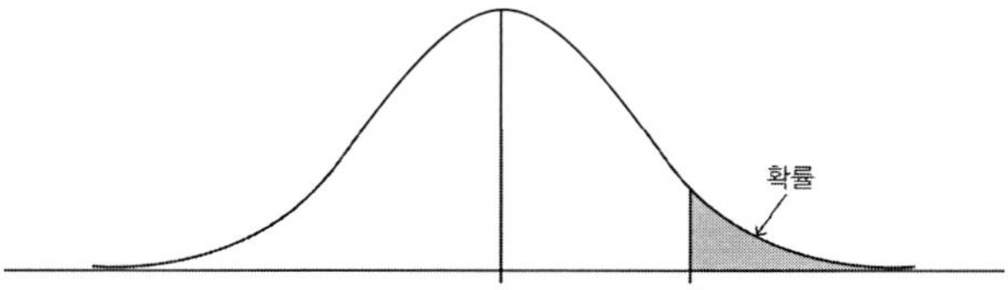

Z	0.00	0.01	0.02	0.03	0.04	0.05	0.06	0.07	0.08	0.09
	두 번째 소수점 자리									
0.00	0.5000	0.4960	0.4920	0.4880	0.4840	0.4801	0.4761	0.4721	0.4681	0.4641
0.10	0.4602	0.4562	0.4522	0.4483	0.4443	0.4404	0.4364	0.4325	0.4286	0.4247
0.20	0.4207	0.4168	0.4129	0.4090	0.4052	0.4013	0.3974	0.3936	0.3897	0.3859
0.30	0.3821	0.3783	0.3745	0.3707	0.3669	0.3632	0.3594	0.3557	0.3520	0.3433
0.40	0.3446	0.3409	0.3372	0.3336	0.3300	0.3264	0.3228	0.3192	0.3156	0.3121
0.50	0.3085	0.3050	0.3015	0.2981	0.2946	0.2912	0.2877	0.2843	0.2810	0.2776
0.60	0.2743	0.2709	0.2676	0.2643	0.2611	0.2578	0.2546	0.2514	0.2483	0.2451
0.70	0.2420	0.2389	0.2358	0.2327	0.2296	0.2266	0.2236	0.2206	0.2177	0.2148
0.80	0.2119	0.2090	0.2061	0.2033	0.2005	0.1977	0.1949	0.1922	0.1894	0.1867
0.90	0.1841	0.1814	0.1788	0.1762	0.1736	0.1711	0.1685	0.1660	0.1635	0.1611
1.00	0.1587	0.1562	0.1539	0.1515	0.1492	0.1469	0.1446	0.1423	0.1401	0.1379
1.10	0.1357	0.1335	0.1314	0.1292	0.1271	0.1251	0.1230	0.1210	0.1190	0.1170
1.20	0.1151	0.1131	0.1112	0.1093	0.1075	0.1056	0.1038	0.1020	0.1003	0.0935
1.30	0.0968	0.0951	0.0934	0.0918	0.0901	0.0885	0.0869	0.0853	0.0838	0.0823
1.40	0.0808	0.0793	0.0778	0.0764	0.0749	0.0735	0.0722	0.0708	0.0694	0.0631
1.50	0.0668	0.0655	0.0643	0.0630	0.6180	0.0606	0.0594	0.0582	0.0571	0.0559
1.60	0.0548	0.0537	0.0526	0.0516	0.0505	0.0495	0.0485	0.0475	0.0465	0.0455
1.70	0.0446	0.0436	0.0427	0.0418	0.0409	0.0401	0.0392	0.0384	0.0375	0.0367
1.80	0.0359	0.0352	0.0344	0.0336	0.0329	0.0322	0.0314	0.0307	0.0301	0.0294
1.90	0.0287	0.0281	0.0274	0.0268	0.0262	0.0256	0.0250	0.0244	0.0239	0.0233
2.00	0.0228	0.0222	0.0217	0.0212	0.0207	0.0202	0.0197	0.0192	0.0188	0.0133
2.10	0.0179	0.0174	0.0170	0.0166	0.0162	0.0158	0.0154	0.0150	0.0146	0.0143
2.20	0.0139	0.0136	0.0132	0.0129	0.0125	0.0122	0.0119	0.0116	0.0113	0.0110
2.30	0.0107	0.0104	0.0102	0.0099	0.0096	0.0094	0.0091	0.0089	0.0087	0.0034
2.40	0.0082	0.0080	0.0078	0.0075	0.0073	0.0071	0.0069	0.0068	0.0066	0.0064
2.50	0.0062	0.0060	0.0059	0.0057	0.0055	0.0054	0.0052	0.0051	0.0049	0.0048
2.60	0.0047	0.0045	0.0044	0.0043	0.0041	0.0040	0.0039	0.0038	0.0037	0.0036
2.70	0.0035	0.0034	0.0033	0.0032	0.0031	0.0030	0.0029	0.0028	0.0027	0.0026
2.80	0.0026	0.0025	0.0024	0.0023	0.0023	0.0022	0.0021	0.0021	0.0020	0.0019
2.90	0.0019	0.0018	0.0017	0.0017	0.0016	0.0016	0.0015	0.0015	0.0014	0.0014

출처: Walpole(1968).

부록 C t 분포의 유의확률

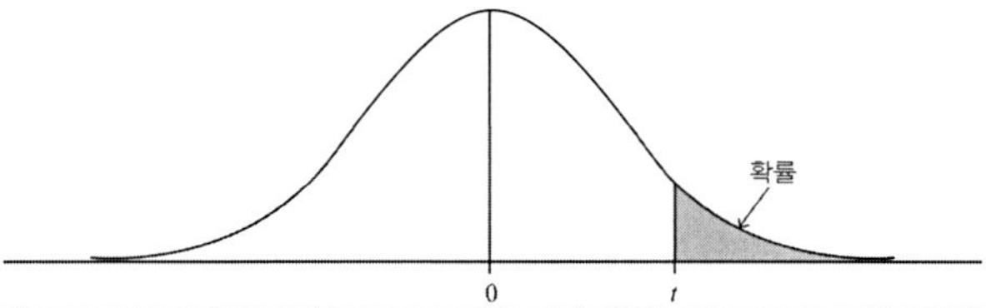

구분 / 자유도	신뢰수준					
	80%	90%	95%	98%	99%	99.80%
	오른쪽 꼬리의 확률					
	$t_{.100}$	$t_{.050}$	$t_{.025}$	$t_{.010}$	$t_{.005}$	$t_{.001}$
1	3.0780	6.3140	12.7060	31.8210	63.6560	318.2890
2	1.8860	2.9200	4.3030	6.9650	9.9250	22.3280
3	1.6380	2.3530	3.1820	4.5410	5.8410	10.2140
4	1.5330	2.1320	2.7760	3.7470	4.6040	7.1730
5	1.4760	2.0150	2.5710	3.3650	4.0320	5.8940
6	1.4400	1.9430	2.4470	3.1430	3.7070	5.2080
7	1.4150	1.8950	2.3650	2.9980	3.4990	4.7850
8	1.3970	1.8600	2.3060	2.8960	3.3550	4.5010
9	1.3830	1.8330	2.2620	2.8210	3.2500	4.2970
10	1.3720	1.8120	2.2280	2.7640	3.1690	4.1440
11	1.3630	1.7960	2.2010	2.7180	3.1060	4.0250
12	1.3560	1.7820	2.1790	2.6810	3.0550	3.9300
13	1.3500	1.7710	2.1600	2.6500	3.0120	3.8520
14	1.3450	1.7610	2.1450	2.6240	2.9770	3.7870
15	1.3410	1.7530	2.1310	2.6020	2.9470	3.7330
16	1.3370	1.7460	2.1200	2.5830	2.9210	3.6860
17	1.3330	1.7400	2.1100	2.5670	2.8980	3.6460
18	1.3300	1.7340	2.1010	2.5520	2.8780	3.6110
19	1.3280	1.7290	2.0930	2.5390	2.8610	3.5790
20	1.3250	1.7250	2.0860	2.5280	2.8450	3.5520
21	1.3230	1.7210	2.0800	2.5180	2.8310	3.5270
22	1.3210	1.7170	2.0740	2.5080	2.8190	3.5050
23	1.3190	1.7140	2.0690	2.5000	2.8070	3.4850
24	1.3180	1.7110	2.0640	2.4920	2.7970	3.4670
25	1.3160	1.7080	2.0600	2.4850	2.7870	3.4500
26	1.3150	1.7060	2.0560	2.4790	2.7790	3.4350
27	1.3140	1.7030	2.0520	2.4730	2.7710	3.4210
28	1.3130	1.7010	2.0480	2.4670	2.7630	3.4080
29	1.3110	1.6990	2.0450	2.4620	2.7560	3.3960
30	1.3100	1.6970	2.0420	2.4570	2.7500	3.3850
40	1.3030	1.6840	2.0210	2.4230	2.7040	3.3070
50	1.2990	1.6760	2.0090	2.4030	2.6780	3.2610
60	1.2960	1.6710	2.0000	2.3900	2.6600	3.2320
80	1.2920	1.6640	1.9900	2.3740	2.6390	3.1950
100	1.2900	1.6600	1.9840	2.3640	2.6260	3.1740
∞	1.2820	1.6450	1.9600	2.3260	2.5760	3.0910

출처: Merrirngton(1941); Agresti(2009), p. 593에서 재인용.

부록 D 카이제곱(χ^2) 분포의 유의확률

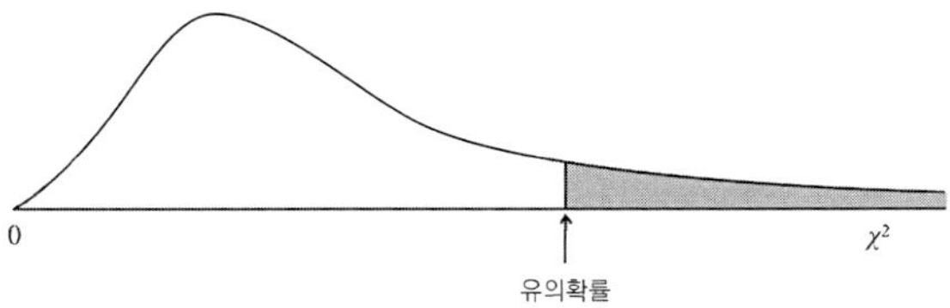

구분 / 자유도	오른쪽 꼬리의 확률						
	$\chi^2_{.25}$	$\chi^2_{.10}$	$\chi^2_{.05}$	$\chi^2_{.025}$	$\chi^2_{.010}$	$\chi^2_{.005}$	$\chi^2_{.001}$
1	1.32	2.71	3.84	5.02	5.53	7.88	10.8
2	2.77	4.51	5.99	7.38	9.21	10.5	13.8
3	4.11	6.25	7.81	9.35	11.3	12.8	16.3
4	5.39	7.78	9.49	11.1	13.3	14.9	18.5
5	6.63	9.24	11.1	12.8	15.1	15.7	20.5
6	7.84	10.6	12.6	14.4	16.8	18.5	22.5
7	9.04	12.0	14.1	16.0	18.5	20.3	24.3
8	10.2	13.4	15.5	17.5	20.1	22.0	26.1
9	11.4	14.7	16.9	19.0	21.7	23.6	27.9
10	12.5	16.0	18.3	20.5	23.2	25.2	29.6
11	13.7	17.3	19.7	21.9	24.7	26.8	31.3
12	14.8	18.5	21.0	23.3	26.2	28.3	32.9
13	16.0	19.8	22.4	24.7	27.7	29.8	34.5
14	17.1	21.1	23.7	26.1	29.1	31.3	36.1
15	18.2	22.3	25.0	27.5	30.6	32.8	37.7
16	19.4	23.5	26.3	28.8	32.0	34.3	39.3
17	20.5	24.8	27.6	30.2	33.4	35.7	40.8
18	21.6	26.0	28.9	31.5	34.8	37.2	42.3
19	22.7	27.2	30.1	32.9	36.2	38.6	32.8
20	23.8	28.4	31.4	34.2	37.5	40.0	45.3
21	24.9	29.6	32.7	35.5	38.9	41.4	46.8
22	26.0	30.8	33.9	36.8	40.3	42.8	48.3
23	27.1	32.0	35.2	38.1	41.5	44.2	49.7
24	28.2	33.2	36.4	39.4	32.0	45.6	51.2
25	29.3	34.4	37.7	40.6	44.3	46.9	52.6
26	30.4	35.6	38.9	41.9	45.6	48.3	54.1
27	31.5	36.7	40.1	43.2	47.0	49.6	55.5
28	32.6	37.9	41.3	44.5	48.3	51.0	56.9
29	33.7	39.1	42.6	45.7	49.5	52.3	58.3
30	34.8	40.3	43.8	47.0	50.9	53.7	59.7
40	45.6	51.8	55.8	59.3	63.7	66.8	73.4
50	55.3	63.2	67.5	71.4	76.2	79.5	86.7
60	67.0	74.4	79.1	83.3	88.4	92.0	99.5
70	77.6	85.5	90.5	95.0	100.0	104.0	112.0
80	88.1	96.6	102.0	107.0	112.0	116.0	125.0
90	98.6	108.0	113.0	118.0	124.0	128.0	137.0
100	109.0	118.0	124.0	130.0	136.0	140.0	149.0

출처: Wonnacott and Wonnacott(1990, p. 676).

부록 E F 분포의 유의확률

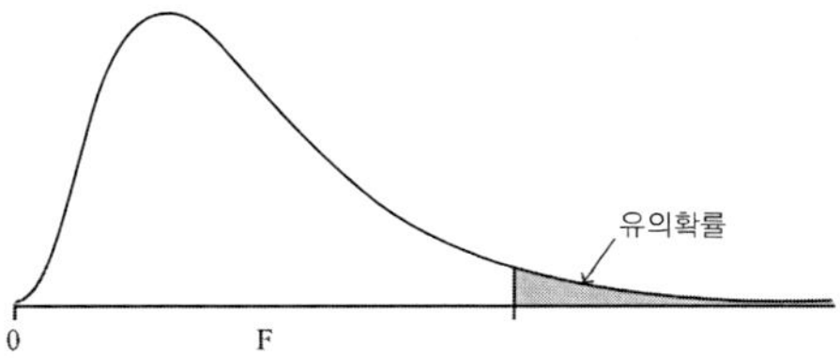

	유의확률(α)=0.05									
	분자자유도									
분모자유도	1	2	3	4	5	6	8	12	24	∞
1	161.40	199.50	215.70	224.60	230.20	234.00	238.90	243.90	249.00	254.30
2	18.51	19.00	19.16	19.25	19.30	19.33	19.37	19.41	19.45	19.50
3	10.13	9.55	9.28	9.12	9.01	8.94	8.84	8.74	8.64	8.53
4	7.71	6.94	6.59	6.39	6.26	6.16	6.04	5.91	5.77	5.63
5	6.61	5.79	5.41	5.19	5.05	4.95	4.82	4.68	4.53	4.36
6	5.99	5.14	4.76	4.53	4.39	4.28	4.15	4.00	3.84	3.67
7	5.59	4.74	4.35	4.12	3.97	3.87	3.73	3.57	3.41	3.23
8	5.32	4.46	4.07	3.84	3.69	3.58	3.44	3.28	3.12	2.93
9	5.12	4.26	3.86	3.63	3.48	3.37	3.23	3.07	2.90	2.71
10	4.96	4.10	3.71	3.48	3.33	3.22	3.07	2.91	2.74	2.54
11	4.84	3.98	3.59	3.36	3.20	3.09	2.95	2.79	2.61	2.40
12	4.75	3.88	3.49	3.26	3.11	3.00	2.85	2.69	2.50	2.30
13	4.67	3.80	3.41	3.18	3.02	2.92	2.77	2.60	2.42	2.21
14	4.60	3.74	3.34	3.11	2.96	2.85	2.70	2.53	2.35	2.13
15	4.54	3.68	3.29	3.06	2.90	2.79	2.64	2.48	2.29	2.07
16	4.49	3.63	3.24	3.01	2.85	2.74	2.59	2.42	2.24	2.01
17	4.45	3.59	3.20	2.96	2.81	2.70	2.55	2.38	2.19	1.96
18	4.41	3.55	3.16	2.93	2.77	2.66	2.51	2.34	2.15	1.92
19	4.38	3.52	3.13	2.90	2.74	2.63	2.48	2.31	2.11	1.88
20	4.35	3.49	3.10	2.87	2.71	2.60	2.45	2.28	2.08	1.84
21	4.32	3.47	3.07	2.84	2.68	2.57	2.42	2.25	2.05	1.81
22	4.30	3.44	3.05	2.82	2.66	2.55	2.40	2.23	2.03	1.78
23	4.28	3.42	3.03	2.80	2.64	2.53	2.38	2.20	2.00	1.76
24	4.26	3.40	3.01	2.78	2.62	2.51	2.36	2.18	1.98	1.73
25	4.24	3.38	2.99	2.76	2.60	2.49	2.34	2.16	1.96	1.71
26	4.22	3.37	2.98	2.74	2.59	2.47	2.32	2.15	1.95	1.69
27	4.21	3.35	2.96	2.73	2.57	2.46	2.30	2.13	1.93	1.67
28	4.20	3.34	2.95	2.71	2.56	2.44	2.29	2.12	1.91	1.65
29	4.18	3.33	2.93	2.70	2.54	2.43	2.28	2.10	1.90	1.64
30	4.17	3.32	2.92	2.69	2.53	2.42	2.27	2.09	1.89	1.62
40	4.08	3.23	2.84	2.61	2.45	2.34	2.18	2.00	1.79	1.51
60	4.00	3.15	2.76	2.52	2.37	2.25	2.10	1.92	1.70	1.39
120	3.92	3.07	2.68	2.45	2.29	2.17	2.02	1.83	1.61	1.25
∞	3.84	2.99	2.60	2.37	2.21	2.09	1.94	1.75	1.52	1.00

출처: Fisher and Yates(1974); Agresti and Finaly(2009, p. 671)에서 재재인용.

부록 F 표집분포 속성에 관한 코드

```
* 표집분포 이론
* Source: Matt Golder's Lecture
(https://files.nyu.edu/mrg217/public/statistical_methods.html, visited on November 5,
2012).

* 무작위적 표본추출의 예
program define sample10, rclass
        drop _all
        quietly set obs 10
        generate x10 = runiform()
        summarize x10
        return scalar meanforsample10=r(mean)
end

set seed 10101 /* 초기 무작위 숫자 선택 */
sample10

* 무작위적 표본추출을 한 번이 아니라 1,000번 하고 싶다면,
simulate xbar10 = r(meanforsample10), seed(10101) reps(100): sample10, nodots
 summarize xbar10
 histogram xbar10, fraction xtitle(표본크기 10의 평균값) xscale(range(0 1)) ytitle(비중)
yscale(range(0 .25)) ymtick(0(.05).25)
 graph save xbar10, replace

* 표본크기가 10에서 100으로, 100에서 1,000으로 증가할 경우, 표준오차가 감소하며
분포의 확실성이 커짐.
```

```
* 표본크기가 100인 경우,
program define sample100, rclass
          drop _all
          quietly set obs 100
          generate x100 = runiform()
          summarize x100
          return scalar meanforsample100=r(mean)
end

simulate xbar100 = r(meanforsample100), seed(10101) reps(100): sample100, nodots
 summarize xbar100
 histogram xbar100, fraction xtitle(표본크기 100의 평균값) xscale(range(0 1)) ytitle(비중) yscale(range(0 .25)) ymtick(0(.05).25)
 graph save xbar100, replace

* 표본크기가 1,000인 경우,
program define sample1000, rclass
          drop _all
          quietly set obs 1000
          generate x1000 = runiform()
          summarize x1000
          return scalar meanforsample1000 = r(mean)
end

simulate xbar1000 = r(meanforsample1000), seed(10101) reps(100): sample1000, nodots
 summarize xbar1000
 histogram xbar1000, fraction xtitle(표본크기 1,000의 평균값) xscale(range(0 1)) ytitle(비중) yscale(range(0 .25)) ymtick(0(.05).25)
 graph save xbar1000, replace
```

```
graph combine xbar10.gph xbar100.gph xbar1000.gph, rows(3) /* 그래프들을 합하여, 하나
                                                                     의 그래프로 만듦. */
graph export samplingdist.emf, replace /* 합해진 하나의 그래프를 .emf 파일로 전환함. */
```

부록 G 통계기법 소개

종속변수 \ 독립변수	가변수	명목변수 (3개 범주 이상)	순서변수	등간변수
가변수	비율검정, 피셔의 정확 검정/맥니머의 검정*	카이제곱 검정, 크래머의 V	카이제곱 검정, 크래머의 V	로짓/프로빗*
명목변수 (3개 범주 이상)	카이제곱 검정, 크래머의 V	카이제곱 검정, 크래머의 V	카이제곱 검정, 크래머의 V	다항 로짓/ 다항 프로빗*
순서변수	카이제곱 검정, 크래머의 V	카이제곱 검정, 크래머의 V	감마 검정, 켄달의 타우-b 검정	순서 로짓/ 순서 프로빗*
등간변수	평균검정/짝의 t 검정*	분산분석	분산분석	상관관계 분석, 회귀분석

※ *로 표시된 기법은 이 책에서 다루지 않은 기법임.

부록 H 주요 용어

제1장_과학적 접근방법으로서의 정치학

· 서술적 유추: 표본에서 발견된 현상을 통하여 모집단의 현상을 유추하는 것
· 인과적 유추: 표본에서 발견된 인과적 관계를 통해 모집단에서의 인과적 관계를 유추하는 것
· 타당성: 표본에서 모집단으로의 유추가 일련의 과정을 준수했는지의 여부
· 허위관계를 증명하고자 하는 부류(falsificationism): 인간이 진리를 밝히는 것은 불가능하며, 인간이 할 수 있는 것은 진리가 아닌 것을 밝히는 것이라는 입장
· 진리를 입증하고자 하는 부류(justificationism): 인간은 진리를 알 수 있으며, 이를 입증할 수 있다는 입장
· 데이터: 분석하고자 하는 세계에 대하여 체계적으로 수집된 정보

제2장_이론과 가설

· 이론: (인과)관계에 대한 설명
· 가설: 경험적으로 검증한 형태로 구성된 (인과)관계의 진술
· 독립변수: 인과적 설명에 있어서 원인에 해당하는 변수
· 종속변수: 인과적 설명에 있어서 결과에 해당하는 변수로, 연구자가 설명하고자 하는 변수를 의미하기도 함.
· 단순비교: 두 변수 간의 비교
· 통제된 비교: 한 개 이상의 변수가 통제된 상태에서 두 변수 간의 비교
· 독립적 관계: 제3변수가 통제됐음에도 불구하고 독립변수가 여전히 종속변수에 영향을 미치고 있는 경우

· 허위관계: 제3변수가 통제되면 독립변수가 종속변수에 미치는 영향력이 사라지는 경우
· 조건적 관계(조절 효과): 제3변수의 범주에 따라서 종속변수에 대한 독립변수의 영향력이 변화하는 경우

제3장_개념 측정과 변수

· 개념적 정의: 추상적 개념을 보다 구체적인 개념을 통하여 묘사하는 것
· 조작적 정의: 본질적 속성을 경험적으로 측정하기 위한 수단에 관한 정의
· 측정오차: 개념적 정의를 조작적 정의로 구체화시키는 과정에서 발생하는 오차
· 체계적 측정오차: 측정하고자 하는 개념적 정의를 '정확하게' 측정하는지와 관련된 측정오차
· 무작위적 측정오차: 측정의 일관성에 관한 것으로 같은 대상에 대한 측정이 반복적으로 행해질 경우 같은 결과가 나오는지와 관련된 측정오차
· 측정도구의 타당성: 측정도구가 연구자가 측정하고자 하는 개념을 정확히 측정하는지의 정도
· 측정도구의 신뢰도: 연구자가 측정하고자 하는 개념에 측정도구가 반복적으로 적용될 때 일관된 결과값을 제시하는지의 정도
· 명목변수: 측정되는 대상의 '차이'로서만 대상을 구분할 수 있는 변수
· 순서변수: 측정대상 간의 차이뿐만 아니라, 이들 간의 '서열'을 정할 수 있는 변수
· 등간변수: 측정단위에 기준하여 대상 간의 '정확한 차이'를 계산할 수 있는 변수
· 비율변수: 측정단위에 기준하여 측정대상 간의 정확한 차이뿐만 아니라, 특정 기준점으로부터의 의미 있는 거리를 계산할 수 있는 변수

제4장_데이터 수집방법

· 실험방법: 실험대상에 대한 외부변수를 통제한 상태에서 주요 독립변수만을 조작하고 이에 따른 종속변수의 변화를 관찰하여 자료를 모집하는 방법
· 내적 타당도: 측정하고자 하는 인과관계의 크기가 바르게 측정되었는지를 확신할 수 있는지의 정도
· 외적 타당도: 측정한 인과관계의 결과가 일반 환경에서 적용될 수 있는지의 정도
· 준실험방법: 연구자에게 실험대상의 집단 배정권을 포함한 외부변수 통제의 권한이 주어지는 못하지만, 주요 독립변수의 조작은 가능한 형태의 데이터 수집방법
· 비실험방법: 연구자에 의하여 외부변수에 대한 통제와 독립변수에 대한 조작이 가해지지 않은 상태에서 자료를 수집하는 방법
· 선택적 편향성: 모집단의 한 집단이 다른 집단에 비하여 표본에 포함될 가능성이 높은 것

제5장_표본추출과 모집단으로의 유추

· 모집단: 분석하고자 하는 대상 전체
· 표본: 모집단으로부터 추출된 모집단의 일부
· 모집단 모수: 모집단 분포를 대표하는 속성들의 값
· 표본 통계치: 표본의 분포를 대표하는 속성들의 값
· 표집분포: 같은 모집단에서 상호 배타적이고 반복적으로 추출된 무작위적 표본의 통계치에 대한 분포
· 신뢰구간: 모집단 모수를 포함하는 구간
· 신뢰수준: 신뢰구간이 모집단 모수를 포함할 것이라는 신뢰하는 수준
· 오차범위: 신뢰구간의 불확실성
· 표본틀: 모집단 구성원 전체에 대한 명부

· 확률적 표본추출 방법: 모집단의 모든 대상이 표본에 포함될 확률이 사전에 '알려져' 추출되는 방법

· 비확률적 표본추출 방법: 모집단의 특정한 대상이 표본에 포함될 확률이 사전에 알려지지 않은 채 추출되는 방법

제6장_기술통계

· 중심경향 요약치: 분포의 대표적인 값을 제시

· 평균: 산술적 평균

· 중앙치: 관측값의 중간 값

· 최빈값: 가장 빈번하게 발생하는 값

· 분산 요약치: 중심경향 요약치를 중심으로 분포가 어느 정도로 흩어져 있는지를 보이는 요약치

· 범위: 분포의 최댓값과 최솟값 간의 차이

· 사분위 범위: 관측값을 네 등분하여, 분포의 75%에 해당하는 관측값에서 25%에 해당하는 관측값을 제한 값

· 표준편차: 평균으로부터 관측값이 흩어져 있는 정도를 표준화하여 나타낸 값

· 도수분포표: 범주형 변수에 있어서 각 범주의 빈도를 나타낸 표

· 상대도수분포표: 범주형 변수에 있어서 각 범주의 상대적 비율을 나타낸 표

· 교차분석: 두 개 이상의 변수에 대한 결합분포를 통하여 두 변수 간의 관계를 파악하는 방법

· 평균비교 분석: 각 범주에 있어 평균의 차이를 비교하는 분석방법

제7장_유추통계: 범주형 변수 간의 관계

· 유추통계: 표본에서 발견된 수치를 토대로 구성된 모집단 모수의 추정치

· 통계적 독립성: 독립변수와 종속변수 간의 관계가 없는 경우
· 영 가설: 모집단에서 독립변수와 종속변수 간의 관계가 없다는 가설
· 대안 가설: 영 가설이 기각되었을 때 대안으로 제시될 수 있는 가설
· 조건부 확률: 독립변수의 특정한 조건이 주어졌을 때, 종속변수가 발생할 확률
· 주변 확률: 한 변수의 조건에 관계없이 다른 변수가 나타날 확률
· 결합 확률: 주변 확률이 결합되어 나타날 확률
· 카이제곱 검정: 통계적으로 독립적일 때 예상되는 빈도수와 실제 빈도수 간의 차이에 기반을 둔 검정
· 감마 검정: 일치쌍과 비일치쌍의 개수 간의 차이에 기반을 둔 검정
· 일치쌍: 기준점을 중심으로 한 변수의 값이 상승할 경우, 다른 변수의 값도 상승된 경우의 쌍
· 비일치쌍: 기준점을 중심으로 한 변수의 값이 상승한 경우, 다른 변수의 값은 하락된 경우의 쌍

제8장_유추통계: 그룹 간의 비교

· 비율검정: 두 그룹 간의 비율의 차이를 하나의 모수로 설정한 후, 표본을 통하여 이 모수가 0 값인지의 여부를 검증하는 방법
· 평균검정: 두 그룹 간의 평균의 차이를 하나의 모수로 설정한 후, 표본을 통하여 이 모수가 0 값인지의 여부를 검증하는 방법
· 분산분석: 세 그룹 이상의 평균이 서로 동일한지 여부를 검증하는 방법

제9장_유추통계: 회귀분석과 상관관계 분석

· 회귀분석: 독립변수와 종속변수 간의 관계를 가장 잘 설명할 수 있는 '예측선'을 찾는 방법

· 상관관계 분석: '예측선'을 중심으로 관측값들이 얼마나 긴밀하게 뭉쳐 있는지 또는 흩어져 있는지를 파악하는 방법
· 최소자승법: 종속변수의 실제 값과 예측된 값 간의 차이를 최소화시키는 예측선을 찾는 방법

부록 I 주요 공식

제5장_표본추출과 모집단으로의 유추

· 신뢰구간: $\overline{X} - Z\frac{s}{\sqrt{n}} \leq \mu \leq \overline{X} + Z\frac{s}{\sqrt{n}}$ 공식 5.5

· 유의성 검증: $Z = \frac{(\overline{X} - \mu)}{s/\sqrt{n}}$ 공식 5.6

· 표본크기: $\frac{Z^2 s^2}{\text{오차범위}^2 + \frac{Z^2 s^2}{N-1}}$ 공식 5.8

제6장_기술통계

· 평균: $\overline{X} = \frac{\sum_{i=1}^{n} X_i}{n}$

· 백분위: $Q_p = \begin{cases} \frac{x_{(i)} + x_{(i+1)}}{2} & x_i \text{ 값이 정수와 소수점일 경우} \\ x_{(i)} & x_i \text{ 값이 정수만 있을경우} \end{cases}$

· $IQR = Q_{75} - Q_{25}$

· 모집단의 표준편차: $\sqrt{\frac{\sum_{i=1}^{n} (X_i - \overline{X})^2}{N}}$ 공식 6.2

· 표본의 표준편차: $\sqrt{\frac{\sum_{i=1}^{n} (X_i - \overline{X})^2}{n-1}}$ 공식 6.3

제7장_유추통계: 범주형 변수 간의 관계

· 카이제곱 검정: $\chi^2 = \sum \frac{(f_o - f_e)^2}{f_e}$ 공식 7.4

· 크래머의 V: $V = \sqrt{\frac{\chi^2}{n \times \text{최솟값}[(\text{행}-1)\text{ 또는 }(\text{열}-1)]}}$ 공식 7.5

· 감마 검정: $\widehat{\text{감마}} = \frac{\text{일치쌍} - \text{비일치쌍}}{\text{일치쌍} + \text{비일치쌍}}$ 공식 7.6

· 타우-b 검정: $\widehat{\text{타우}-b} = \frac{\text{일치쌍} - \text{비일치쌍}}{\sqrt{[\frac{n(n-1)}{2} - \text{동순위쌍}_{\text{행}}][\frac{n(n-1)}{2} - \text{동순위쌍}_{\text{열}}]}}$

공식 7.8

제8장_유추통계: 그룹 간의 비교

· 신뢰구간 방식을 통한 비율검정: $\hat{\pi}_1 - \hat{\pi}_2 \pm Z\hat{\sigma}_{\hat{\pi}_1 - \hat{\pi}_2}$ 공식 8.2

· 유의성 방식을 통한 비율검정: $Z = \frac{(\hat{\pi}_1 - \hat{\pi}_2)}{\hat{\sigma}_{\hat{\pi}_1 - \hat{\pi}_2}}$ 공식 8.3

· 신뢰구간 방식을 통한 평균검정: $\overline{X_1} - \overline{X_2} \pm Z\hat{\sigma}_{\overline{X_1} - \overline{X_2}}$ 공식 8.5

· 유의성 방식을 통한 평균검정: $Z = \frac{(\overline{X_1} - \overline{X_2})}{\hat{\sigma}_{\overline{X_1} - \overline{X_2}}}$ 공식 8.6

· 분산분석 F 통계치: $F_{g-1, N-g} = \frac{BSS/(g-1)}{WSS/(N-g)}$ 공식 8.7

제9장_유추통계: 회귀분석과 상관관계 분석

· 모집단 회귀분석 모델: $Y_i = \alpha + \beta X_i + \epsilon_i$ 공식 9.2

· 표본 회귀분석 모델: $Y_i = a + bX_i + e_i$ 공식 9.4

· 기울기 계수: $b = \frac{\sum(X_i - \overline{X})(Y_i - \overline{Y})}{\sum(X_i - \overline{X})^2} = \frac{COV_{XY}}{s_X^2}$

· 절편: $a = \overline{Y} - b\overline{X}$

· 모델 설명력: $r^2 = \frac{MSS}{TSS} = \frac{\sum(\widehat{Y}_i - \overline{Y})^2}{\sum(Y_i - \overline{Y})^2}$ 공식 9.13

· Pearson의 상관계수: $r = \frac{COV_{XY}}{s_X s_Y}$ 공식 9.15

참고문헌

강원택. 2004. 『한국의 선거 정치: 이념, 지역, 세대와 미디어』. 서울: 푸른길.

김광웅. 2006. 『방법론 강의: 기초 원리 응용』. 서울: 박영사

김준석·조진만·엄기홍. 2011. "부패인식의 차이에 대한 실증적 분석: 시민들의 공직사회에 대한 부패인식의 차이는 어떠한 요인에 기인하는가?" 『한국사회와 행정연구』 제21권 4호: 343~371쪽.

김해동. 1992. 『조사방법론: 이론과 기법』. 서울: 법문사.

신민철. 2007. 『사회연구방법의 기초』. 서울: 창민사.

엄기홍. 2006. "정치자금의 기부목적, 정책영향 혹은 선거지원?: 2004년 고액기부자 명단의 경험적 분석." 『한국정치학회보』 제40집 3호: 191~209쪽.

엄기홍. 2008. "한국 후원회의 정치자금 기부금 결정요인: 2004-2006년 기부금액에 대한 경험적 분석." 『한국정치학회보』 제42집 1호: 49~70쪽.

엄기홍. 2011. "고액 정치후원금의 정치적 대표성: 대통령선거 경선, 국회의원선거, 광역단체장선거 후보자 후원회에 관한 경험적 분석." 『한국정치학회보』 제45집 1호: 113~139쪽.

엄기홍·김재현. 2010. "지역주의 정치사회화의 제한적 효과: 경북대학교 대학생을 대상으로 한 경험적 분석." 『의정논총』 제5권 2호: 251~272쪽.

엄기홍·김준석·조진만. 2011. "한국인의 정치부패 인식, 감소하고 있는가?: 정치부패인식 지수화와 경험적 적용." 『의정논총』 제6권 1호: 5~26쪽.

이갑윤. 2011. 『한국인의 투표 행태』. 서울: 후마니타스.

이소현·박은혜·김영태. 2000. 『교육 및 임상현장 적용을 위한 단일대상연구』. 서울: 학지사.

이현우. 2005. "한국과 미국의 국회의원 표결요인 비교: 자유무역협정 비준의 경우." 『국제정치논총』 제45집 3호: 105~125쪽.

전용주 외. 2009. 『투표행태의 이해』. 서울: 한울아카데미.

전진영. 2006. “국회의원의 갈등적 투표행태 분석: 제16대 국회 전자표결을 중심으로.” 『한국정치학회보』 제40집 1호: 47~70쪽.

정진민 · 황아란. 1999. “민주화 이후 한국의 선거정치: 세대요인을 중심으로.” 『한국정치학회보』 제33권 2호: 115~134쪽.

조기숙. 1996. 『합리적 선택: 한국의 선거와 유권자』. 서울: 한울아카데미.

조성대. 2006. “투표참여와 기권의 정치학: 합리적 선택이론의 수리모형과 17대 총선.” 『한국정치학회보』 제40집 2호: 51~74쪽.

조진만 · 엄기홍 · 김준석. 2010. “정치부패에 대한 시민의 인식과 민주주의 평가.” 『국가전략』 제16권 4호: 179~206쪽.

조진만 · 최준영 · 가상준. 2006. “한국 재 · 보궐선거의 결정요인 분석.” 『한국정치학회보』 제40집 2호: 75~98쪽.

지병근 · 박종민. 2008. “한국에서의 정치참여: 접촉 및 항의활동.” 『국가전략』 제14권 4호: 121~145쪽.

진영재. 2011. 『사회과학 연구조사 방법론』. 서울: 박영사.

최준영 · 조진만. 2005. “지역균열의 변화 가능성에 대한 경험적 고찰: 제17대 국회의원선거에서 나타난 이념과 세대 균열의 효과를 중심으로.” 『한국정치학회보』 제39권 3호: 375~394쪽.

Agresti, Alan and Barbara Finlay. 1997. *Statistical Methods for the Social Sciences*. 3rd edition. Upper Saddle River: Prentice Hall.

Agresti, Alan and Barbara Finlay. 2009. *Statistical Methods for the Social Sciences*. 4th edition. Upper Saddle River: Prentice Hall.

Bogardus, Emory S. 1947. “Measurement of Personal-Group Relations.” *Sociometry* 10(4): 306-311.

Brambor, Thomas, William Roberts Clark and Matt Golder. 2006. “Understanding Interaction Models: Improving Empirical Analyses.” *Political Analysis* 14: 63.82.

Cho, Jinman and Kihong Eom. 2012. “Generation Effects? An Empirical Analysis of the Korean National Assembly and Presidential Elections.” *Asian Perspective* 36(3): 353-386.

Cox, G. W., and E. Magar. 1999. "How Much Is Majority Status in the U.S. Congress Worth?" *American Political Science Review* 93(2): 299-309.

Fiorina, Morris P. 1981. *Retrospective Voting in American National Election*. New Haven: Yale University Press.

Fisher, R. A. and F. Yates. 1974. *Statistical Tables for Biological, Agricultural and Medial Research*. London: Longman Group Ltd.

Fishkin, James S. and Robert C. Luskin. 1999. "Bringing Deliberation to the Democratic Dialogue." Maxwell McCombs and Amy Reynolds eds., *The Poll with a Human Face: The National Issues Conventional Experiment in Political Communication*. New York: Routledge, 3-38.

Frankfort-Nachmias, Chava and David Nachmias. 2000. *Research Methods in the Social Sciences*. 6th edition. New York: Worth Publishers.

Gerber, Alan S. and Donald Green. 2000. "The Effects of Canvassing, Telephone Calls, and Direct Mail on Voter Turnout: A Field Experiment." *American Political Science Review* 94(3): 653-663.

Goldberger, Arthur S. 1991. *A Course in Econometrics*. Cambridge: Harvard University Press.

Greene, William H. 2000. *Econometric Analysis*. 4th edition. Upper Saddle River: Prentice Hall.

Gujarati, Damodar N. 1995. *Basic Econometrics*. 3rd edition. New York: McGraw-Hill, Inc..

Gujarati, Damodar. 1999. *Essentials of Econometrics*. 2nd edition. Bost: Irwin McGraw-Hill.

Ho, Daniel E., Kosuke Imai, Gary King and Elizabeth A. Stuart. 2007. "Matching as Nonparametric Preprocessing for Reducing Model Dependence in Parametric Causal Inference." *Political Analysis* 15(3): 199-236.

Huth, Paul. 1988. "Extended Deterrence and the Outbreak of War." *American Political Science Review* 82(2): 423-443.

Imai, Kosuke, Gary King and Elizabeth A. Stuart. 2008. "Misunderstanding between experimentalists and observationalists about causal inference." *Journal of the Royal Statistical Society, Series A* 171(2): 481-502.

Iyengar, Shanto and Donald R. Kinder. 1987. *News That Matters: Television and American Opinion*. Chicago: University of Chicago Press.

Kennedy, Peter. 1998. *A Guide to Econometrics*. 4th ed. Cambridge, MA: MIT Press.

King, Gary, Robert O. Keohane and Sidney Verba. 1994. *Designing Social Inquiry: Scientific Inference in Qualitative Research*. Princeton, New Jersey: Princeton University Press.

King, Gary. 1998. *Unifying Political Methodology: The Likelihood Theory of Statistical Inference*. Ann Arbor: University of Michigan Press.

Kmenta, Jan. 1997. *Elements of Econometrics*. 2nd edition. Ann Arbor: University of Michigan Press.

Lakatos, Imre. 1978. *The methodology of scientific research programmes: Philosophical Papers Volume I*. Cambridge, UK: Campaign University Press.

Lee, Dong Ok and Standley D. Brunn. 1996. "Politics and regions in Korea: an analysis of the recent presidential election." *Political Geography* 15(1): 99-119.

Merrington, Maxine. 1942. "Table of Percentage Points of the t-Distribution." *Biometrika* 32: p. 300.

Pollock III, Philip H. 2005. *The Essentials of Political Analysis*. 2nd edition. Washington D. C.: CQ Press.

Pollock III, Philip H. and Bruce M. Wilson. 2002. "Evaluating the Impact of Internet Teaching: Preliminary Evidence from American National Government Courses" *PS: Political Science and Politics* 353: 561-566.

Pye, Lucian W. 1990. "Political Science and the Crisis of Authoritarianism." *American Political Science Review* 84(1): 3-19.

Rea, Louis M. and Richard A. Parker. 1997. Designing and Conducting Survey Research: A Comprehensive Guide. 2nd edition. San Francisco: Jossey-Bass.

Shin, Myungsoon, Youngjae Jin, Donald A. Gross and Kihong Eom. 2005. "Money Matters in Party-Centered Politics: Campaign Spending in the Korean Congressional Election." *Electoral Studies* 24(1): 85-101.

Shin, Youseop. 2004. "Constituency opinion and PAC contributions: A case of the National Abortion and Reproductive Action League." *Public Choice* 118: 133-149.

Shively, W. Phillips. 2002. *The Craft of Political Research*. 5th edition. New Jersey: Upper Saddle River.

Walpole, R. E. 1968. *Introduction to Statistics*. New York: Macmillan.

Wonnacott, Thomas H. and Ronlad J. Wonnacott. 1990. *Introductory Statistics*. 5th edition. New York: John Wiley & Sons.

Yamane, T. 1967. *Statistics: An Introductory Analysis*. 2nd edition. New York: HarperCollins.

찾아보기